城市群内产业分工及其对区域差异的影响研究

Study on Industrial Division of Labor in Urban Agglomeration and Its Influence on Regional Differences

尚永珍 著

中国经济出版社
CHINA ECONOMIC PUBLISHING HOUSE

·北京·

图书在版编目（CIP）数据

城市群内产业分工及其对区域差异的影响研究 / 尚永珍著. --北京：中国经济出版社，2023.2
ISBN 978-7-5136-7173-6

Ⅰ.①城… Ⅱ.①尚… Ⅲ.①城市群-产业布局-研究-中国 Ⅳ.①F299.21

中国版本图书馆 CIP 数据核字（2022）第 230534 号

责任编辑　牛慧珍
责任印制　马小宾
封面设计　任燕飞

出版发行　中国经济出版社
印 刷 者　北京富泰印刷有限责任公司
经 销 者　各地新华书店
开　　本　710mm×1000mm　1/16
印　　张　14.25
字　　数　210 千字
版　　次　2023 年 2 月第 1 版
印　　次　2023 年 2 月第 1 次
定　　价　88.00 元

广告经营许可证　京西工商广字第 8179 号

中国经济出版社 网址 www.economyph.com 社址 北京市东城区安定门外大街 58 号 邮编 100011
本版图书如存在印装质量问题，请与本社销售中心联系调换（联系电话：010-57512564）

版权所有　盗版必究（举报电话：010-57512600）
国家版权局反盗版举报中心（举报电话：12390）　　服务热线：010-57512564

Preface 前　言

　　城市群是以区域中心城市为主体，与外围的中小城市共同组成的城镇体系，中心和外围城市间的产业分工使得不同产业类型在不同区域集聚，从而形成显著的经济活动空间差异性。当前，城市群已经成为我国新型城镇化和区域经济社会发展的主体形态，城市群内"服务业向中心城市集中，制造业向外围扩散"的产业分工格局日趋明显，并不断强化。无论是京津冀城市群、粤港澳大湾区等较为发达的城市群，还是成渝、长江中游等新兴城市群，中心城市总产出在城市群内所占比重均持续上升。这种差异性或异质性不仅体现在城市群的中心和外围间，而且体现在以城市群为整体的区域范围内以及城市群的外围区域内部。那么，城市群内产业分工形成的内在机理是什么？城市群内产业分工对区域差异究竟有多大影响？对不同的空间层次，其作用效果是否相同？因此，本书研究城市群内产业分工及其对区域差异的影响，这对于制定合理的区域发展政策、提高资源空间配置效率、实现区域协调发展具有重要意义。

　　为了更清楚、更全面地把握城市群内产业分工的形成过程及其对区域差异的影响机理和效应，本书在对城市群内产业分工形成过程进行分析的基础上，借鉴泰尔指数（Theil）对区域差异的分解思路，从总体空间差异、中心和外围间的区域差异、外围城市间的区域差异三个空间层次，探讨产业分工对不同空间层次区域差异的影响机理和效应，具体从以下四个方面展开研究：第一，从国内国外两方面对城市群内产业分工形成过程进行梳理，并在此基础上对城市群内产业分工模式进行分析；第二，通过模型构建和理论分析对城市群内产业分工形成机理进行探讨，并从三个空间层次分析城市群内产业分工对区域差异的影响机理；第三，以东部和中西部主要城市群2003—2018年的数据为研究样本，对城市群内产业分工和区域差异的演变趋势进行测算和分析；第四，在理论分析的基础上构建面板回归模型，实证检验城市群内产业分工的驱动因素和城市群内产业分工对三个不同空间层次区域差异的影响。研究发现，城市群内产业分工发展受多种因素影响，对不同空间层次区域差异的影响不同：

（1）理论分析认为相对比较成本、通信和交通技术水平、市场范围、外部性、集聚程度、生产技术的创新以及政府调控均会对城市群内产业分工产生影响力。实证检验显示，对于中心城市和外围城市，不同因素的影响力存在一定的差异性。

（2）城市群内产业分工的深化能缩小城市群总体空间差异，促进城市群经济发展实现趋同。实证检验显示，除京津冀城市群和长江中游城市群以外的城市群都符合这一规律。

（3）城市群内产业分工与中心和外围间的区域差异之间存在倒"U"型关系，即初期在中心城市虹吸效应作用下，中心与外围间的区域差异会持续扩大，而当中心城市发展到一定程度后会产生扩散效应，带动外围城市的发展，从而缩小两者间的区域差异。实证检验发现，各城市群均符合这一规律，但目前不同中心城市对外围城市的作用力各有不同。

（4）通过对长三角和长江中游城市群外围城市间区域差异的对比分析和实证检验，发现由于外围城市间的区域差异受地理衰减规律和产业梯度转移的影响，处于不同发展时期的中心城市对外围城市具有不同的空间外溢效应，同一中心城市对不同区位的外围城市也具有不同的空间外溢效应。

本书的创新之处主要有三个方面：一是从微观企业出发，构建两地区模型，分析两地区间的相对比较成本以及"冰山成本"对制造业企业生产空间选择的影响，并在此基础上对不能纳入理论模型的其他驱动因素进行探讨，从而较为全面地厘清城市群内产业分工的形成机理；二是从城市群总体空间差异、中心和外围间的区域差异、外围城市间的区域差异三个空间层次，研究城市群内产业分工对区域差异的影响；三是对长三角和长江中游城市群进行对比分析和实证检验，深入分析城市群内产业分工对外围城市间发展不平衡的影响，认为长三角城市群外围城市间的区域差异决定于相同分工阶段区位差别的影响，提出在制定区域发展政策时应更多地向远外围城市倾斜。

　　本书在理论分析和实证检验的基础上，借鉴国外城市群产业分工的发展经验，提出深化我国城市群内产业分工、缩小城市群内区域差异的政策建议，具体包括五个方面：优化城市群内产业分工，提升城市群协同发展水平；扩大中心城市的空间外溢效应，发挥城市群内产业分工的正向影响；重视外围城市间的区域差异，细化区域发展政策；加快中西部城市群内产业分工的发展，缩小城市群间的发展差异；推进城市群基础设施及公共服务一体化，减少要素流动障碍。

Contents 目 录

第一章 引 言

第一节 研究背景及意义 ·· 003
一、研究背景 ·· 003
二、研究意义 ·· 007

第二节 研究内容和研究方法 ·· 009
一、研究内容 ·· 009
二、研究方法 ·· 011

第三节 创新与不足 ·· 012
一、创新点 ·· 012
二、不足 ·· 013

第二章 文献综述

第一节 城市群内产业分工 ·· 017
一、城市群的内涵 ·· 017
二、城市群内产业分工的内涵 ······································ 020
三、城市群内产业分工的测度 ······································ 022
四、城市群内产业分工影响因素 ···································· 024

第二节 区域差异 ·· 027
一、区域差异的内涵 ·· 027
二、区域差异的测度与比较 ·· 028

第三节 城市群内产业分工与区域差异 ································ 030
一、城市群内产业分工对区域差异的影响机理 ························ 030
二、城市群内产业分工对区域差异的影响效果 ························ 033

第四节　现有研究评述 …………………………………………… 037
第五节　本章小结 ………………………………………………… 039

第三章　城市群内产业分工的形成与模式

第一节　国内城市群内产业分工的形成过程 …………………… 043
　　一、初期阶段 ……………………………………………… 043
　　二、发展阶段 ……………………………………………… 044
　　三、深入发展阶段 ………………………………………… 046
第二节　国外城市群内产业分工的形成过程 …………………… 052
　　一、波士华城市群产业分工的形成过程 ………………… 053
　　二、东京都市圈产业分工的形成过程 …………………… 058
　　三、国外城市群产业分工形成过程的启示 ……………… 066
第三节　城市群内产业分工模式分析 …………………………… 067
　　一、城市群空间结构演变的一般模式 …………………… 067
　　二、城市群内产业分工的表现形式 ……………………… 068
第四节　本章小结 ………………………………………………… 071

第四章　城市群内产业分工形成机理及其对区域差异的影响机理

第一节　城市群内产业分工形成机理分析 ……………………… 075
　　一、城市群内产业分工形成的理论基础 ………………… 076
　　二、城市群内产业分工形成的微观理论模型 …………… 079
　　三、城市群内产业分工形成的驱动因素 ………………… 085
第二节　城市群内产业分工对区域差异影响的机理分析 ……… 090
　　一、两地区间产业分工对区域差异的影响分析 ………… 090
　　二、城市群内产业分工对不同空间层次区域差异的影响
　　　　机理分析 ……………………………………………… 094
第三节　本章小结 ………………………………………………… 103

第五章 中国城市群内产业分工和区域差异的演变趋势

第一节 城市群地理范围及中心城市的界定 …… 107
- 一、城市群的地理范围 …… 107
- 二、中心城市 …… 109

第二节 城市群内产业分工的演变趋势 …… 111
- 一、城市群内产业分工的测度方法 …… 111
- 二、城市群空间产业分工指数计算结果 …… 112
- 三、城市群内部各城市产业分工指数计算结果 …… 116

第三节 城市群内区域差异的演变趋势 …… 125
- 一、城市群内部总体空间差异 …… 125
- 二、中心和外围间的区域差异 …… 130
- 三、外围城市间的区域差异 …… 133

第四节 本章小结 …… 139

第六章 城市群内产业分工形成驱动因素的实证研究

第一节 模型设定及变量选取 …… 143
- 一、研究样本 …… 143
- 二、模型设定、变量描述 …… 143
- 三、数据来源 …… 145

第二节 实证检验及讨论 …… 146
- 一、实证检验 …… 146
- 二、主要结论 …… 149

第三节 本章小结 …… 150

第七章 城市群内产业分工对区域差异影响的实证研究

第一节 对总体空间差异影响的实证研究 …… 153
- 一、模型设定及变量选取 …… 153
- 二、模型回归分析 …… 156

　　　　三、主要结论 …………………………………………………… 162

　第二节　对中心和外围间的区域差异影响的实证研究 …………… 163

　　　　一、模型设定及变量选取 ………………………………………… 163

　　　　二、模型回归分析 ………………………………………………… 167

　　　　三、主要结论 ……………………………………………………… 171

　第三节　对外围城市间的区域差异影响的实证研究 ……………… 172

　　　　一、研究样本选择依据 …………………………………………… 172

　　　　二、长三角和长江中游城市群内产业分工和外围城市间的

　　　　　　区域差异的对比分析 ………………………………………… 173

　　　　三、实证研究 ……………………………………………………… 179

　　　　四、主要结论 ……………………………………………………… 184

　第四节　本章小结 …………………………………………………… 185

第八章　结论、建议及研究方向

　第一节　主要结论 …………………………………………………… 189

　　　　一、城市群内产业分工不断深化，但不同城市群间存在

　　　　　　差异性 ………………………………………………………… 189

　　　　二、城市群内不同空间层次的区域差异呈现不同特点，

　　　　　　外围城市间的区域差异值得关注 …………………………… 190

　　　　三、城市群内产业分工的形成受多种驱动因素的影响，

　　　　　　不同因素对中心和外围城市的影响力不同 ………………… 190

　　　　四、城市群内产业分工的深化能缩小城市群总体空间

　　　　　　差异，促进城市群经济发展实现趋同 ……………………… 190

　　　　五、在虹吸效应和空间外溢效应共同作用下，城市群内

　　　　　　产业分工与中心和外围间的区域差异之间存在倒

　　　　　　"U"型关系 …………………………………………………… 191

　　　　六、在地理衰减规律和产业梯度转移规律作用下，外围

　　　　　　城市间的区域差异决定于相同分工阶段区位差别的

　　　　　　影响 …………………………………………………………… 191

第二节 政策建议 ………………………………………… 192
　　一、优化城市群内产业分工，提升城市群协同发展
　　　　水平 ………………………………………………… 192
　　二、扩大中心城市的空间外溢效应，发挥城市群内产业
　　　　分工的正向影响 …………………………………… 193
　　三、重视外围城市间的区域差异，细化区域发展
　　　　政策 ………………………………………………… 193
　　四、加快中西部城市群内产业分工的发展，缩小城市
　　　　群间的发展差异 …………………………………… 194
　　五、推进城市群基础设施及公共服务一体化，减少要
　　　　素流动障碍 ………………………………………… 195
第三节 进一步研究的方向 ……………………………… 195

参考文献 ………………………………………………… 197

第一章

引 言

第一节　研究背景及意义

一、研究背景

城市群已经成为我国新型城镇化和区域经济社会发展的主体形态。我国多个政府文件均提出以"城市群"为主体形态，推动区域优势互补、城乡融合发展，形成以中心城市引领城市群发展、以城市群推动区域协调发展的新机制。《中华人民共和国国民经济和社会发展第十一个五年规划纲要》（2006）首次提出把城市群作为推进城镇化的主体形态。中央城镇化工作会议（2013）提出城市群要成为带动区域发展的增长极。《国家新型城镇化规划（2014—2020）》（2014）初步规划了21个城市群。中央城市工作会议（2016）从城市发展角度明确要以城市群为主体形态，科学规划城市空间布局。《中华人民共和国国民经济和社会发展第十三个五年规划纲要》（2016）提出建设"两横三纵"城市化战略格局，加快19个城市群的建设发展进程。2018年11月8日，中共中央、国务院发布《关于建立更加有效的区域协调发展新机制的意见》，提出建立以中心城市引领城市群发展、城市群带动区域发展新模式，推动区域板块之间的互动融合发展。2019年8月26日，习近平总书记在中央财经委员会第五次会议上提出中心城市和城市群正在成为承载发展要素的主要空间形式，增强中心城市和城市群等经济发展优势区域的经济和人口承载能力。2018年统计数据显示，京津冀城市群、长三角城市群、粤港澳大湾区、成渝城市群、长江中游城市群、中原城市群、关中平原城市群七个城市群土地面积总和为120.39万平方公里，占全国国土总面积的12.50%；七个城市群年末总人口数为60904万，占全国年末总人口数的43.81%；七个城市群地区生产总值为540013亿元，占全国生产总值的60%①。可见，城市群作为新的增长极在带动本国或区域经济发展中的作用越来越明显，是新型城镇化的主体形态，是支撑全国经济增长、促进区域协调发展、参与国际竞争合作的重要平台。

城市群内"服务业向中心城市集中，制造业向外围扩散"的产业分工格局日趋明显，并不断强化。如图1-1和图1-2所示，2019年京津冀城市群和长三角城市群内，中心城市北京和上海第二产业和第三产业占比分别是本地区的最低值和最高值，说明随着分工的不断深化和专业化程度的不断提高，服务业尤其是生产性服务业已经逐渐与制造业相分离，成为具有重要战略地位的产业部门。同时由于生产性服务业与制造业之间存在密切的技术关联，是相互依赖、相互作用、共同发展的动态协调发展关系，因此生产性服务业和制造业往往在空间上表现为产业协同集聚，这一特点在城市群内表现得尤为明显。强化城市间的产业分工协作也是国家发改委明确提出的城市产业发展方向。国家发改委2019年发布的《关于培育发展现代化都市圈的指导意见》中明确提出"以推动都市圈内各城市间专业化分工协作为导向，推动中心城市产业高端化发展，夯实中小城市制造业基础，促进城市功能互补、产业错位布局和特色化发展"。依据新经济地理学的"中心—外围"理论以及产业梯度转移理论，由于中心城市的人力资本和信息资源相对充裕，外围城市的生产要素价格相对便宜，研发、管理和专业服务部门逐渐向中心城市集聚，成为城市群内的生产性服务中心，而对要素价格较为敏感的制造业逐渐向外围城市迁移，最终在城市群内部形成具有密切产业关联的新型"中心—外围"产业空间布局，其主要特征是：生产性服务业在中心城市集聚，制造业分布在外围城市。

城市群内区域差异显著。区域经济的非均衡发展一直是我国学术界普

---

① 2018年11月8日，中共中央、国务院发布《关于建立更加有效的区域协调发展新机制的意见》，明确以京津冀城市群、长三角城市群、粤港澳大湾区、成渝城市群、长江中游城市群、中原城市群、关中平原城市群等城市群推动国家重大区域战略融合发展，故本书以这七个城市群作为研究对象。

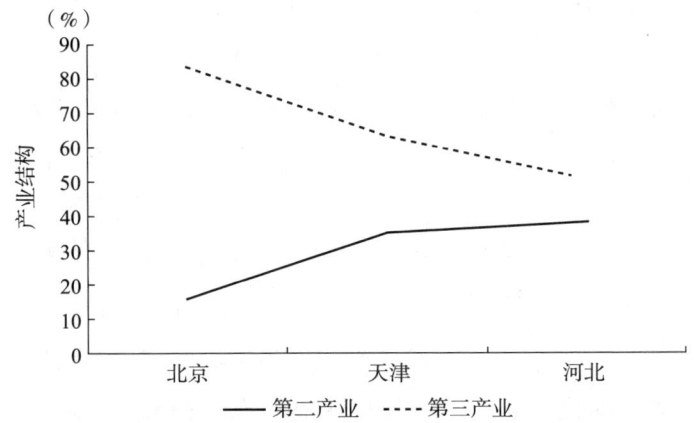

图 1-1　京津冀城市群 2019 年第二产业和第三产业占比

数据来源：根据《中国统计年鉴》（2020）计算所得。

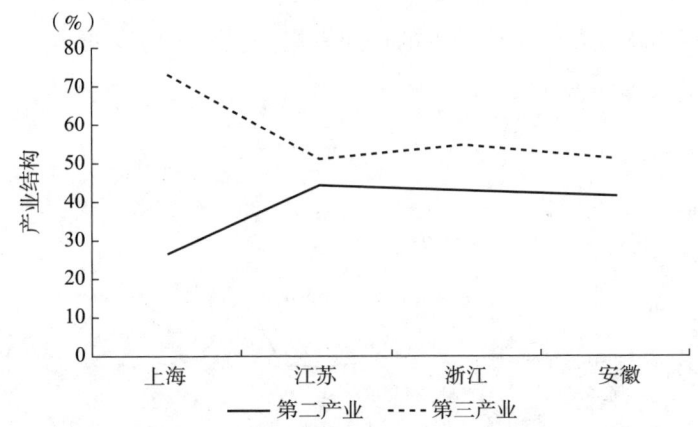

图 1-2　长三角城市群 2019 年第二产业和第三产业占比

数据来源：根据《中国统计年鉴》（2020）计算所得。

遍关注的问题，众所周知，区域经济的非均衡发展不仅会造成资源空间配置的失衡、区域经济发展机会的不均等，而且会带来一系列社会问题，最终会危及社会经济的健康、持续与和谐发展。城市群是以区域中心城市为主体，与周边的中小城市共同组成的城镇体系，非均质的空间结构使其内部区域差异表现得更为明显。2018 年京津冀城市群内北京市人均 GDP 最高，为 140211 元，邢台市人均 GDP 最低，为 29210 元，北京市人均 GDP

为邢台市的 4.80 倍，两者绝对额相差 111001 元，同期长三角城市群内上海市人均 GDP 为 134982 元，而安庆市人均 GDP 为 41008 元，上海市人均 GDP 为安庆市的 3.29 倍，两者绝对额相差 93974 元。图 1-3 和图 1-4 分别为 2003—2018 年京津冀城市群和长三角城市群内部最高最低人均 GDP 比值和差值，从图中可以看到虽然人均 GDP 的相对差异在缩小，但在人均 GDP 总量不断提高的前提下，城市群内部人均 GDP 的绝对差额直线上升。2005 年亚洲开发银行调研发现，在河北省环绕京津的区域有 25 个贫困县、200 多万贫困人口，集中连片，与西部地区最贫困的"三西地区"（定西、河西、西海固）相比，处在同一发展水平，有的指标甚至更低，提出了"环京津贫困带"的概念。伴随着《京津冀协同发展规划纲要》和国家脱贫攻坚战的实施，2020 年河北省环京津贫困县全部脱贫摘帽，但与京津之间的相对发展差异依然较大。已有研究表明，城市群作为经济增长极，城市群内各城市均获得了不同程度的快速发展，但从人均 GDP 来看，其区域内存在明显的发展差异。

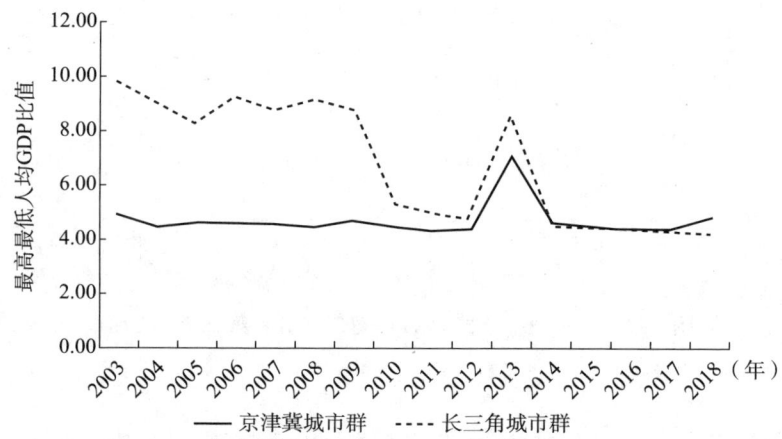

图 1-3　京津冀城市群和长三角城市群内部最高最低人均 GDP 比值[①]

数据来源：根据《中国统计年鉴》（2004—2019）计算所得。

那么，面对城市群内产业分工的发展和城市群内显著的区域差异，我们

[①] 2013 年数据为经济普查数据，因此该年份数据与其他年份数据相比表现异常，后文中此类情况不再赘述。

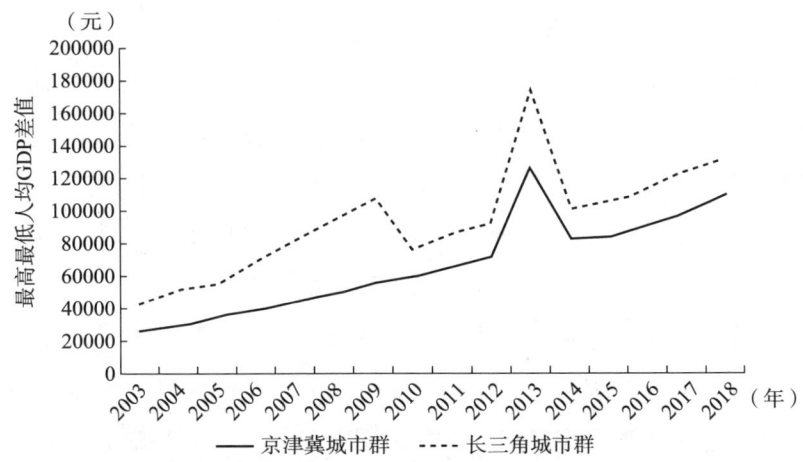

图 1-4　京津冀城市群和长三角城市群内部最高最低人均 GDP 差值

数据来源：根据《中国统计年鉴》（2004—2019）计算所得。

既要对产业分工模式进行深入分析，也要思考是什么原因导致了城市群内的非均衡发展。客观来讲，区域差异的形成并不是由一个或几个因素导致的，而是多个因素共同作用的结果，且在不同时期主要影响因素也存在较大差异。已有研究认为影响区域差异的因素包括地理区位、自然禀赋、产业结构等，这些因素主要通过经济活动空间分布的不均衡导致区域经济发展水平的不均衡。城市群内服务业和制造业协同集聚形成"中心—外围"的产业空间结构，这种产业分工模式使不同产业类型在不同区域集聚，从而形成显著的经济活动空间差异性。而这种差异性或异质性不仅体现在以城市群为整体的区域范围内、城市群的中心和外围间，而且体现在城市群的外围区域内部。那么，推动城市群内产业分工发展的因素有哪些？城市群内产业分工对区域差异究竟有多大影响？对不同的空间层次，其作用效果是否相同？为此，我们有必要对城市群内产业分工及其对区域差异的影响进行深入研究。

二、研究意义

（一）理论意义

目前关于分工与区域差异问题的理论研究多是在 Marshall 的外部经济理论和 Krugman 的"中心—外围"理论的基础上演化和拓展，并且主要以制造业或服务业集聚为研究对象。对于具有较强产业关联性的生产性服务业和制造业之间形成的新型"中心—外围"分工模式的研究还处于起步阶段，特别是对于其与区域差异之间的研究，无论是内在机理还是分工效应的研究都比较薄弱，尚未建立起系统、完整的理论分析框架。并且不同学者由于研究视角、所选取的研究样本以及研究方法的不同，其研究结论也存在一定的差异性。随着中国城镇化进程的加快和城市群的发展壮大，城市群内"服务业向中心城市集中，制造业向外围扩散"的新型产业分工格局日趋明显，为我们理解城市群内产业分工形成过程及其与区域差异的关系提供了不可多得的研究样本。本书试图在已有研究的基础上，考察城市群内产业分工的形成机理，并探究其对城市群内部区域差异的影响机制，从而搭建一个相对完整的理论分析框架，打通生产性服务业和制造业空间产业分工与区域差异之间的理论分析脉络。这不但可以弥补已有研究的不足，同时也为后续研究提供了一定的理论基础，丰富了对城市群内部分工问题的研究。相关研究结论可以为政府部门制定合理的区域发展政策，深化区域合作与分工，提高资源空间配置效率，实现区域协调、协同和共同发展提供理论依据，开阔思路。

（二）现实意义

随着改革开放的深入推进，如何正确认识和缩小区域经济发展差异已成为中国现阶段所面临的一个主要问题，党的十九大报告指出"我国社会主要矛盾已经转化为人民日益增长的美好生活需要和不平衡不充分的发展之间的矛盾"。区域经济发展的不均衡问题既是一个经济问题，同时也是一个社会与政治问题，如果地区间差异过大，不但不利于整体经济发展，而且容易激化社会矛盾。分工是经济增长和区域差异的源泉之一，长期以来受到社会各界的广泛关注，而以服务业和制造业协同集聚为基础形成的产业分工与区域差异关系密切，对城市群内的非均衡发展具有重要影响。习近平总书记2014年在谈到京津冀协同发展战略时着重强调："推进京津冀协同发展，要立足现代产业分工要求，以京津冀城市群建设为载体，以优化区域分工和产业布局为重点。"本书从城市群总体空间差异、中心和外围间的区域差异、外围城市间的区域差异三个空间层次,多角度研究城市群内产业分工对区域差异的正向和负向影响,有助于制定城市群内科学合理的产业发展政策,指导城市群产业合理布局和协同发展,从而提升城市群整体竞争力。由此可见,从产业分工视角研究区域差异问题,能为区域差异的治理提供参考,这对于实现城市群乃至中国区域经济的协调发展具有重要现实意义。

第二节 研究内容和研究方法

一、研究内容

为了更清楚、更全面地把握城市群内产业分工的形成过程及其对区域差异的影响机理和效应,本书在对城市群内产业分工形成过程进行分析的基础上,借鉴泰尔指数对区域差异的分解思路,从城市群总体空间差异、中心和外围间的区域差异、外围城市间的区域差异三个空间层次,探讨产业分工对不同空间层次区域差异的影响机理和效应。具体从以下四个方面展开研究:第一,从国内国外两方面对城市群内产业分工形成过程进行梳理,并在此基础上对城市群内产业分工模式进行分析;第二,通过模型构建和理论分析对城市群内产业分工形成机理进行探讨,并从三个空间层次分析城市群内产业分工对区域差异的影响机理;第三,以东部和中西部主要城市群2003—2018年的数据为研究样本,对城市群内产业分工和区域差异的演变趋势进行测算和分析;第四,在理论分析的基础上构建面板回归模型,实证检验城市群内产业分工的形成因素和城市群内产业分工对三个不同空间层次区域差异的影响。本书的技术路线如图1-5所示。

全书分为八个章节,每个章节的内容如下:

第一章是引言。主要阐述研究问题的背景和意义、研究的主要内容、所用的研究方法和可能的创新点。

第二章是文献综述。从城市群内产业分工、区域差异、城市群内产业

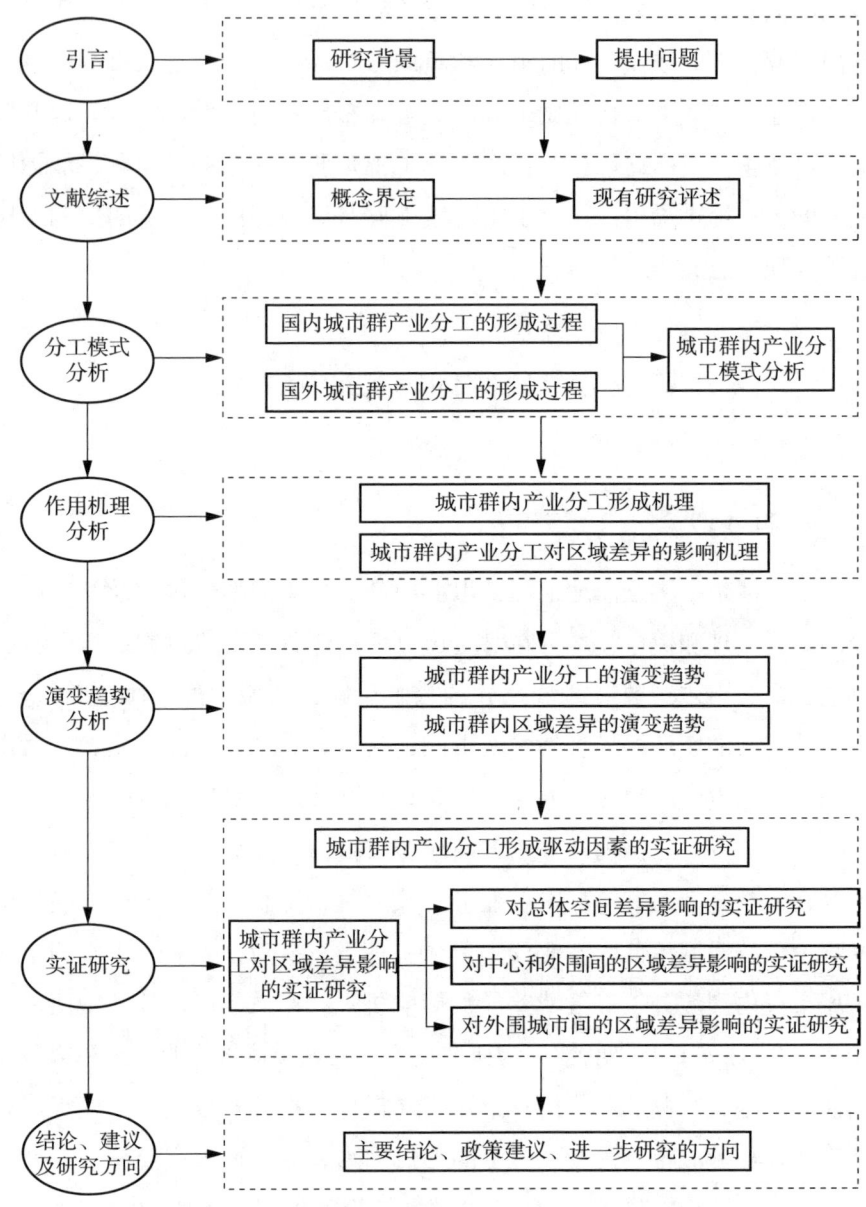

图 1-5　本书的技术路线

分工与区域差异三个方面进行文献综述，总结现有文献存在的不足之处，为后续研究厘清思路。

第三章是城市群内产业分工的形成与模式。首先以我国城市群内产业分工发展相对成熟的长三角城市群为例，对国内城市群内产业分工的形成过程进行分析；其次以美国波士华城市群和日本东京都市圈为例，对国外城市群内产业分工形成过程进行介绍；最后借鉴已有研究成果对城市群内产业分工模式进行探讨。

第四章是城市群内产业分工形成机理及其对区域差异的影响机理。首先通过模型构建和理论分析对城市群内产业分工形成机理进行描述；其次从两地区出发，探讨不同类型产业在不同地区集聚为何会造成两地间的区域差异，并在此基础上分析城市群内产业分工对不同空间层次区域差异的影响机理。

第五章是中国城市群内产业分工和区域差异的演变趋势。首先对中国具有代表性的主要城市群的基本概况以及中心城市和外围城市的界定方法进行介绍；其次对城市群内产业分工现状和区域差异的演变趋势进行测算和分析，为后面的研究奠定基础。

第六章是城市群内产业分工形成驱动因素的实证研究。在前文理论分析的基础上，对相关因素进行实证检验。

第七章是城市群内产业分工对区域差异影响的实证研究。分别从城市群总体空间差异、中心和外围间的区域差异、外围城市间的区域差异三个空间层次对城市群内产业分工与区域差异之间的关系进行实证检验，并提出对于不同的区域差异应根据经济发展规律采取不同的区域发展政策。

第八章是结论、建议及研究方向。在总结相关理论与实证研究结论的基础上，提出从深化城市群内产业分工着手缩小区域差异的相关政策建议，并提出进一步研究的方向。

二、研究方法

（一）文献分析法

文献分析法是做科学研究的基础方法，通过对已有文献的梳理和分析，理解研究问题的现状，从而形成对所研究问题的科学认识。本书首先对分工与区域差异的相关文献进行收集，然后对大量国内外文献进行梳理、归纳和总结，对城市群内产业分工与区域差异的研究现状进行把握，并在此基础上发现已有研究成果存在的不足，为自己的研究找到合适的切入点与思路，为本书的研究奠定基础。

（二）实证分析法

本书在研究时主要采用实证分析法。在对城市群内产业分工形成机理的研究中，首先从两地区出发，建立理论模型，在理论分析的基础上对城市群内产业分工的形成因素进行实证检验，验证不同因素对城市群内产业分工发展的影响。在分析城市群内产业分工对区域差异的影响时，借鉴泰尔指数对区域差异的分解思路，从城市群总体空间差异、中心和外围间的区域差异、外围城市间的区域差异三个空间层次，探讨分工对不同空间层次区域差异的影响机理，在理论分析的基础上构建面板回归模型，实证检验城市群内产业分工对三个不同空间层次区域差异的影响效应。

第三节　创新与不足

一、创新点

第一，对城市群内产业分工机理的分析。从微观企业出发，构建两地区模型，分析两地区间的相对比较成本以及"冰山成本"对制造业企业生产空间选择的影响，并在此基础上对不能纳入理论模型的其他形成因素进行探讨，从而较为全面地厘清城市群内产业分工的形成机理。

第二，从三个空间层次进行城市群内产业分工与区域差异之间关系的研究。已有文献多关注城市群总体空间差异、中心和外围间的区域差异，而对于其他层面区域差异的研究较少。不同空间层次存在不同的作用规律，本书借鉴泰尔指数对区域差异的分解思路，从城市群总体空间差异、中心和外围间的区域差异、外围城市间的区域差异三个空间层次，研究城市群内产业分工对区域差异的影响。首先进行机理研究，其次进行实证检验。

第三，对外围城市间的区域差异的探讨。本书利用泰尔指数对城市群内外围城市间的区域进行计算，发现外围城市间的区域差异是构成长三角城市群内区域差异的主要原因，其余城市群内的区域差异则主要表现为中心和外围间的区域差异。为探明这一现象的形成原因，本书对长三角和长江中游城市群进行对比分析和实证检验。研究结果发现：在城市群内产业分工模式的影响下，外围城市间的区域差异主要受地理衰减规律和产业梯度转移的影响，处于不同分工阶段的中心城市对外围城市具有不同的空间外溢效应；同一中心城市对不同区位的外围城市也具有不同的空间外溢效应，即长三角外围城市间的区域差异决定于相同分工阶段区位差别的影响。因此，本书提出在制定区域发展政策时应更多地向远外围城市倾斜。

二、不足

第一，由于统计数据的可得性，本书在对城市群内产业分工现状进行描述时，按照生产性服务业和制造业两大类对分工情况进行刻画，由于缺少具体细分行业数据，行业划分相对比较粗糙。

第二，由于影响城市群内产业分工的因素非常之多，有些是无法观测到的因素，比如政府的行政规划、经济手段等。部分影响因素在进行实证检验时无法进行定量刻画，所以本书仅挑选部分可观测指标对城市群内产业分工的影响因素进行检验，未来还需要对影响因素的影响程度做进一步分析。

第二章

文献综述

随着城市群内产业分工的演进，其对区域差异的影响也逐渐引起众多学者的广泛关注，出现了不少研究成果。本章沿着历史演进的路径，在对分工、区域差异、分工与区域差异等相关文献进行梳理的基础上，提出本书所要研究的内容和思路。

第一节　城市群内产业分工

城市群内产业分工问题涉及城市群、分工、测度评价、分工影响因素等研究内容，分工与城市群发展之间存在着相互促进和彼此影响的关系。

一、城市群的内涵

（一）城市群概念的形成

戈特曼（1957）把沿美国东北海岸从波士顿到华盛顿大城市集中分布的现象称为大都市带（Megalopolis），将其定义为"有许多都市区连成一体，在经济、社会、文化等方面存在密切交互作用的巨大城市地域"。麦吉（1989）提出类似于大都市带的超级都市区（Megaurban Region）概念，将其范围定义为包括两个或两个以上由发达的交通手段联系起来的核心城市，当天可通勤的城市外围区及核心城市之间的 Desakota 区域。P Hall（1999）提出巨型城市区（The Mega-City Region）的概念，是指中心城市向新的或临近的较小城市极度扩散后所形成的新的城市模式。Andres Rodri Guez（2008）定义了大城市区（City-Region）的概念，认为大城市区是由一个或多个中心与半城市化的农村腹地功能相连的组合体。

一些国家也从政府统计的角度划分了城市群的统计范围。美国政府于

1910 年提出都市区（Meteopolitan Area）的概念，1950 年提出城市化地区（Urbanized Area）的概念，美国区域规划协会（RPAA，2006）提出巨型区域（Mega-Region）的概念，即在以大城市为中心形成的都市区的基础上，各都市区之间密切互动形成的新空间形式。除美国外，加拿大、法国等国家也都有类似大都市区的概念，加拿大政府提出都市统计区（Census Metroplitan Area）的概念，法国国家统计局使用连续城市区（Unite urbaine）的概念。日本行政厅 1954 年仿照美国政府提出的都市区的概念开始使用"都市圈"这一概念对城市区域进行划分，指的是以一日为周期可以接受城市某一方面功能服务的地域范围。

综观国外文献，我们可以看出，尽管戈特曼的大都市带概念得到一致认可，但对城市群概念的界定存在争议，Megaurban Region、The Mega-City Region、City-Region 等相关界定虽然具有相似之处，但界定的范围和标准仍存在差异性。

我国学者对这一问题的研究大致从 20 世纪 80 年代开始，丁洪俊、宁越敏（1983）首次将戈特曼的思想引入国内，并翻译为"巨大都市带"。之后，学术界陆续提出一些相关概念，如都市连绵区（周一星，1993；诸大建，2003；胡序威，2003）、都市圈（高汝熹等，1990；沈立人，1993；罗明义，1998；张京祥等，2001；陶希东和刘君德，2003）、城市群（姚士谋，1992；陈凡等，1997；吴传清和李浩，2003；刘静玉等，2004；方创琳，2005；顾朝林，2011；倪鹏飞等，2014）、都市区（宁越敏，2003；胡序威，2003）、城镇密集区（孙一飞，1995）等。

国内较早对城市群这一概念进行明确界定的是姚士谋，姚士谋（1992）认为城市群是指具有相当数量的不同等级规模的城市，依托一定的地理环境的条件，在特定的地区范围内，借助于综合运输网的通达性以及现代化的通信设施，发生与发展着城市个体之间的内在联系，产生群体亲和力的作用，共同构成一个相对完整的城市群体。姚士谋（1998）又重新对城市群的概念进行修改，表述为在特定的地域范围内具有相当数量的不同性质、类型、等级规模的城市（包括小集镇），依托一定的自然环境条件，人口密度较大，生产高度技术化，土地利用集约化，以一个或两个特大城市和大城市作为地区经济发展的核心，借助于现代化的交通工具和综合运输网的通达性以及高度发达的信息网络，发生与发展着城市个体之间的内外联系，共同构成一个相对完整的城市群区。与1992年的概念相比较，1998年的概念突出强调城市群内一个或两个核心城市的作用。倪鹏飞（2008）认为城市群是由集中在某一区域、交通通信便利、彼此经济社会联系密切而又相对独立的若干城市或城镇组成的人口与经济集聚区。方创琳（2009）提出城市群是指在特定地域范围内，以1个特大城市为核心，以至少3个都市圈（区）或大中城市为基本构成单元，依托发达的交通通信等基础设施网络所形成的空间相对紧凑、经济联系紧密并最终实现同城化和一体化的城市群体。

比较国内不同学者对于城市群概念的界定，虽然有差异，但一般都认为城市群具有以下特点：一是存在一个或多个核心城市；二是区域内不同等级的城市之间、城市与周围地区之间联系紧密；三是一个地理范围巨大、人口密集的城镇区域。因此，本书认为城市群是以区域中心城市为主体，与外围的中小城市具有紧密的社会经济联系而共同组成的城镇体系。

（二）都市区、都市圈与城市群的区别

国内与城市群这一概念联系密切、较为相似的概念是都市区与都市圈，对于都市区、都市圈和城市群，我国学术界一直没有形成统一的认识，对于同一个区域或同一个现象，不同学者使用不同的词语进行描述，有的称之为都市区，有的称之为都市圈，有的称之为城市群。以美国的波士华城市群为例，有的学者将其称为纽约都市圈或纽约大都市区，如不将这三个概念区分清楚，不仅不利于进行理论研究，也不利于政府部门制定相关的区域发展战略，因此一些学者对三者进行了辨析。谢守红（2008）、马燕坤和肖金成（2020）认为三者存在以下不同：一是三者所包含的空间范围存在较大差异。按包含空间范围从小到大排列，分别是都市区、都市圈和城市群。二是人口规模不同，城市群人口规模最大。三是空间结构特征不同。都市区没有完整的城市规模等级体系，都市圈城市规模等级结构较为合理，城市功能较为完善，城市群则可能存在多个城市规模等级体

系。四是经济社会特征不同。都市区城镇化水平最高,只有少量的乡村和都市农业地区,都市圈和城市群中不仅有不同等级的城市和城镇,还有大量的乡村和农田。陈建军等(2018)认为城市群与都市圈除空间范围、空间结构存在不同之外,主要功能也存在较大差异,都市圈的主要功能是大城市功能的扩散、承接、通勤圈,城市群则是复杂的多元产业群落的协同集聚平台、具有全球竞争力的世界级产业集聚区、世界大国实现国家战略目标的主要支撑空间和引领区域。刘泉和黄桂英(2014)认为城市群包含都市圈和都市区,都市圈和都市区可视为城市群的空间表现形式。汪彬(2018)认为城市形态的演化路径为:城市—都市圈(大都市区、大都市圈)—城镇密集区—城市群—都市连绵区—大都市带。

我国政府的相关文件也对城市群和都市圈做出区分,2019年国家发展改革委发布的《关于培育发展现代化都市圈的指导意见》中指出城市群是新型城镇化主体形态,是支撑全国经济增长、促进区域协调发展、参与国际竞争合作的重要平台。都市圈是城市群内部以超大特大城市或辐射带动功能强的大城市为中心、以1小时通勤圈为基本范围的城镇化空间形态。并提出培育发展一批现代化都市圈,形成区域竞争新优势,为城市群高质量发展、经济转型升级提供重要支撑。

基于学者分析,可以看出都市区、都市圈和城市群是区域都市化的不同发展阶段,涉及的地域范围在逐渐扩展。一般来说,城市群在体量和层级上要高于都市圈,城市群是由若干个都市圈构成的广域城镇化形态。

二、城市群内产业分工的内涵

城市群内产业分工的研究起源可以追溯到亚当·斯密(1776)的分工理论,这种表述为分工的任务环节分离现象一般是基于产业视角的。同时基于产业和空间视角对分离问题进行的研究应该起始于区位理论,包括杜能(1826)的农业区位论、韦伯(1909)的工业区位论、霍特林(1929)的区位竞争理论、克里斯蒂勒(1933)的中心地理论等一系列区位理论的延续和发展。区位理论为产业空间分异提供了启发式的思维,但是囿于新古典经济学中空间不可能定理的局限,尤其是其中的均质性假设限制了空间维度进入一般性分析框架,因此空间问题虽然已被提出,但是产业空间性问题的研究进展一直比较缓慢。新经济地理学在这一方面实现了突破,克鲁格曼(1991)以规模报酬递增、不完全竞争和运输成本的市场结构为假设基础,验证了产业可以在不同的地理空间上分离,并构建了中心—外围模型(CP模型),不过此时的产业分离只是简单地针对农业和制造业。

随着通信和交通技术的快速发展,价值链不断分解、细化,原本属于某个价值链的环节不断独立出来,形成专业化的生产,并且价值链分工不再局限于某个城市或某个产业,而是跨越了城市、产业的限制不断形成新的分工形式,从而有利于企业更加有效地利用各地的生产要素。在这个过程中,由于中心城市的人力资本和信息资源相对充裕,外围城市的生产要素价格相对便宜,研发、管理和专业服务部门逐渐向中心城市集聚,成为城市群内的生产性服务中心,而对要素价格较为敏感的制造业逐渐向外围城市迁移,中心城市与外围城市之间逐渐呈现出新型的产业分工格局。

国外不同学者试图从不同的视角解释这一产业空间分工问题。一部分学者从微观企业的角度,对企业将生产部门、总部和研发部门设立在区域内的不同城市这一现象进行研究(Clark,1981;Scott,1981,1982;Henderson J V & Ono Y,2008;K Aarland,J C Davis & J V Hhenderson,2010;Duranton & Puga,2002,2005;Bade et al.,2004)。另一部分学者从产业角度发现越来越多的生产性服务业在中心城市集聚,而制造业集中在中心城市的周边(Fujita & Tabuchi,1997;Kolko,1999;Ettlinger N & Clay B,2010)。Duranton 等(2005)把这种新形式的分工称为功能专业化(Functional Specialization)。

国内学者也对这一新型分工模式进行研究,但并无统一的概念界定,已有的概念界定分别为:新型产业分工(魏后凯,2007;卢明华,2016);职能专业化(苏红键等,2011;刘德学等,2015);功能专业化(李靖,2015;柴志贤等,2016);功能分工(赵勇和白永秀,2012;齐讴歌等,2018;尚永珍和陈耀,2020;侯杰和张梅青,2020);功能空间分工(马燕坤,2016);空间功能分工(赵勇等,2015;刘胜,2019);产业空间分异(黄宾,2018);城市群内的产业分工(宋德勇和李东方,2021);

等等。

本书借鉴已有研究，将这种区域分工模式称为城市群内产业分工。主要原因有以下三个方面：一是城市功能一般包括产业发展、公共服务、吸纳就业、人口聚集，产业问题只是城市功能中的一种，如果称之为城市群内功能分工，则不能明确本书讨论的是产业分工这一主题。二是功能分工通常仅仅关注"中心"与"外围"地区之间产业的区位选择问题，范围过于狭窄，城市群内的产业分工是一个动态循序渐进的过程，首先是形成生产性服务业和制造业之间的"中心—外围"结构，其次是中心的制造业向外围城市的扩散，最后是外围地区间的产业细分。三是城市群内产业分工是分工细化与深化共同进行的，不同城市在进行产业间分工细化的同时产业内和产品内分工的深化也在进行，分工细化促进了分工的深化，反过来分工的深化又影响分工的细化，最终结果就是城市群内经济结构的形成是产业间、产业内和产品内三种分工方式的集中体现，故本书认为将这种新型区域分工模式称为城市群内产业分工更为切合主题。

基于以上分析，本书认为城市群内产业分工是以中心城市为枢纽，以外围城市为节点，以专业化分工为纽带，通过不同经济圈层的产业定位，实施产业的梯度升级，进而利用产业带动城市群整体协调发展。

三、城市群内产业分工的测度

（一）测度方法

胡佛（1936）构造了区域分工的度量指标（Hoover地方化系数），并对美国若干行业的数据进行了分析。Keeble（1986）综合使用基尼系数和洛仑兹曲线测算行业在不同区域的分布态势。克鲁格曼（1991）用空间基尼系数对美国3位数制造业行业的专业化程度进行了测度，并试图发现国际分工的新趋势。

国内很多学者借鉴空间基尼系数、相似系数、区位商、Hoover地方化系数、行业集中度等指标对制造业专业化进行了分析，上述指标是从制造业的集聚程度来衡量地区专业化水平，最大的问题是忽视了服务业，难以全面反映区域分工水平。又有些学者借鉴 E-G 指数估算产业间的协同集聚程度，从产业上下游之间的分工来衡量区域之间的专业化与分工水平，但这类方法存在的问题是，缺乏细分产业分工的统计数据。

上述方法忽略了空间距离这一重要因素，Moran's I 指数、SP 指数、感应度系数、影响力系数等指标被用来测度产业的空间分布。也有学者对相关指标进行了改造，李学鑫、苗长虹（2006）认为相似系数只能从总体上判别两地区产业结构的相似程度，并不能反映产业内部的具体结构。区位商法能测度出任意两地区产业内部的具体结构，但却不能定量地从总体上度量两地区产业结构的相似程度，首次提出产业结构的区位商的灰色关联分析（或称改良的区位商法）。

Duranton 和 Puga（2005）最早提出功能空间分工的测算方法，即用城市中管理人员与生产人员的比值相对于全国平均水平的差值来度量。Bade 等（2004）、Barbour 和 Markusen（2007）、C Brunelle 和 M Polèse（2008）、Audretsch D（2011）、C B Professor（2013）、Meliciani V 和 Savona M（2015）、Nagamachi M 和 Lokman A M（2015）使用该指数对不同城市的产业分工情况进行了测度。近年来，城市群内产业分工引起了国内经济学者的关注，借鉴 Duranton 等（2005）提出的计算方法，并根据研究需要及我国统计数据的可得性进行了改进，许多学者对中国城市群内产业分工的时序演变和空间特征进行了计算和分析（赵勇等，2012；刘汉初等，2014；马燕坤，2016；苏红键，2017；齐讴歌等，2018；刘胜，2019）。

（二）测度结果

不同学者对不同区域和不同时期的城市群内产业分工进行测度，发现不同城市群内的产业分工发展呈现不同态势，且存在较大的地区间差异。

赵勇和白永秀（2012）运用空间功能分工指数对中国十大城市群 2003—2010 年功能分工水平进行测度，结果显示研究期间，总体分工水平相对较低并呈现出波动中持续下降的趋势，2008 年之后开始上升，且东西部城市群间存在较大差距。刘汉初和卢明华（2014）对比分析我国 2000 年和 2010 年不同城市功能专业化水平，发现总体水平略有下降，超大城市功能专业化水平上升，中小城市功能专业化水平下降。马燕坤（2016）计算 2003—2012 年京津冀、长江三角洲和珠江三角洲三大城市群功能空间分工强度，发现城市群功能空间分工强度与城市群自身的经济发展程度和发育水平存在显著的正向关系，并呈现不明显的倒"U"型趋势。苏红键（2017）发现 2006—2012 年，城市的职能专业化和职能专业化分工在城市群内表现得更加显著。尚永珍和陈耀（2019）对比京津冀和长三角城市群功能空间分工水平，发现长三角城市群中心城市生产性服务业集聚、周边城市制造业集聚的功能空间分工态势正逐渐增强，京津冀城市群的功能空间分工虽然也在逐渐增强，但北京一家独大的现状使得城市群内部功能空间分工态势并不明朗。

四、城市群内产业分工影响因素

除了传统的分工理论对分工原因的解释，国外学者也从不同角度对分工形成的原因做了解释。有的学者认为联系成本、信息成本的降低是产业分工形成的直接原因。Jones（2001）等人提出了"技术说"，认为技术进步是推动产品内分工发展的重要原因，对于劳动力丰富的发展中国家来说，可以通过参与劳动密集工序的生产而获利。Deardorff（1998）则提出"壁垒说"来解释产品内分工。他认为产品内分工本来在技术上是可行的，但某些壁垒的存在会阻碍它的发展。Ota 和 Fujita（1993）研究表明如果企业间不同部门的联系成本降低，企业的生产部门就会分离出去，并且随着交通成本和联系成本的进一步降低，企业管理部门会在中心城市集聚，生产部门向市郊迁移。Bade 等（2004）认为在互联网时代，需要面对面接触生产的商品和服务会在中心城市集聚，而标准化的生产活动将向边缘地区扩散，并提供了德国九个不同区域的区域专业化模式变化的经验证据。Gallego J 等（2013）提出鉴于远程交互的可能性有所增加，欧洲的知识密集型服务业越来越不需要集聚在一处。

有的学者则认为生产性服务集聚所形成的信息优势促进了产业分工的形成。Kahnert（1998）的经验研究也证明了知识溢出促进生产活动的集聚作用，研究表明具有高知识密度的创新生产机构（需要面对面地直接沟通）往往集中在核心区域，而标准的、常规的生产机构通常集中在外围区域。Henderson J V 和 Ono Y（2008）发现美国企业为了便于获得产品和市场的信息，更倾向于将企业总部设置在区域的中心城市。Englmann 和 Walz（2010）建立了一个理论模型证明知识溢出的存在为高技术企业在核心区集中提供了重组的理由，而知识相对不重要的传统产品则在外围区域生产。如果人力资本也倾向于集聚在核心区域的话，要求非熟练劳动的常规性活动则集中在外围地区，核心和集聚的差异性增长路径也会加强。V Meliciani 和 M Savona（2015）认为集聚经济、垂直联系和创新是商业服务区域专业化的重要因素。

国内学者也对产业分工的影响因素进行了多角度研究，主要有以下几种观点。

（一）基于成本的解释

汪斌等（2005）认为城市产业集群形成的主要原因是细化分工有利于降低交易费用。江静和刘志彪（2006）论述了要素成本和交易成本的关系，认为中心城市因其较高的要素成本和相对较低的交易成本更利于发展对要素成本不敏感的生产性服务业，而外围城市由于要素成本低则更有利于发展制造业。国家发改委国地所课题组（2009）认为中心城市土地、劳动力成本的上升和外围地区交通设施的完善促使一般性制造业外迁。张若雪（2009）认为异地层面管理成本的减少和制度层面行政壁垒的减少是经济圈产业分工程度上升的原因。陈国亮和陈建军（2012）发现当商务成本超过一定的阈值后，城市将由二、三产业的共同集聚转向分离趋势。贺灿飞等（2012）发现在我国城市体系中的高端城市更能吸引位于价值链高端的企业迁入，并呈现功能专业化的趋势。李靖（2015）认为交易成本降低是新型产业分工的形成机制，而交易成本的降低则来源于交通通信技术的发展、生产技术的进步和地区开放制度及产权制度的建立。刘德学和何晖（2015）实证分析发现土地成本、基础教育服务水平、产业结构比例对珠三角城市群内部职能化分工存在显著的正向影响。蔡海峰（2016）实证发现居住成本、教育状况、地区经济发展水平、交通状况对长三角城市群产业分工存在显著的正向影响。马燕坤（2016）认为城市群内产业分工形成的主要影响因素是要素成本、技术进步、行政分割和城市发展，其中行政分割越强功能分工就越难以形成，城市的发展则使城市的要素成本处于不断的变化之中，形成新一轮的产业转移。

（二）基于技术的解释

一部分学者从技术角度解释城市群内产业分工的形成原因。张若雪（2009）认为随着通信和交通技术的进步，企业可以把不同的生产环节放在不同的地区，而不必把所有的生产环节放在一起，从而有利于企业更加有效地利用各地的生产要素。在这个过程中，经济圈内部中心城市和其他城市之间逐渐呈现出功能分工的格局。陈建军和郑广建（2014）认为高速铁路缩短了城市间空间和经济的距离，交通可达性和便利性的增强可以产生市场结构效应、劳动力池效应和创新溢出效应。李靖（2015）认为新型产业分工是分工向更深入、更细化领域发展的结果，它的形成机制有两个：交易成本和市场需求。其中交易成本降低源于三个方面：一是交通通信技术的发展；二是生产技术的进步；三是地区开放制度和产权制度的建立。马燕坤（2016）认为运输技术、通信技术、编码技术的进步促进了城市群内产业的进一步分工。覃成林和杨晴晴（2017）认为在高速铁路的影响下，生产性服务业空间格局呈现局域的集聚和全域的分散状态，主要集聚于以北京、上海、深圳为核心的三大城市，省域性的集聚主要集中于以省会城市为主的中心城市。

（三）基于集聚经济的解释

陈建军（2007）根据新空间经济学的分析框架，发现自20世纪80年代以来，长三角地区内部经济发展的长期过程实际上是一个比较典型的以产业转移为载体的"集聚—扩散"演化过程，表现在以上海为核心的中心区域向外扩张。张亚斌等（2006）基于经济地理学理论视角，通过对中心城市的出现、城市群的形成以及区域"圈层"经济形态演变的研究，认为不同级别的城市通过充分发挥各自的市场区位优势，"吸引"不同类型的产业企业或企业不同生产环节形成集聚并由此实现"圈层"内部产业企业的合理分工。赵勇和白永秀（2008）认为城市群的形成既是在居民—厂商主体区位选择的基础上集聚扩散的微观过程，也是基于垂直联系的产业演化过程。李靖（2009）认为同类工序或环节在特定区域形成规模集聚，使得区域专业化产生的经济效应得以实现，即区域专业化满足了经济可行性要求。吴福象等（2013）则以长三角的16个核心城市为例，认为人力资本的集聚促进了区域中心城市产业结构的升级，并随着要素的聚散而形成了合理的分工体系，实现了不同层级的城市间的产业协同发展。

（四）基于政府调控的解释

中国区域经济发展不是纯粹市场化的结果，政府对经济的干预通常对地区产业布局的形成产生重大影响。孙久文和原倩（2014）发现附加了宏观调控职能的、泛化的区域政策加剧了地方政府竞争和区域分工抑制现象。赵勇和魏后凯（2015）发现从中国区域发展现实来看，在政府主导的发展模式下，各级政府不仅会通过宏观政策、政府规制等方式间接影响区域发展，而且会通过财政补贴、税收减免、土地供给优惠、环境管制放松等方式影响企业和产业区位分布。杜建军等（2016）认为我国独特的政治制度对城市的分布和变迁更是有着显著影响，自改革开放至今由计划体制向社会主义市场体制的转型期，我国政府行为仍然在很大程度上影响着城市体系的演变。

第二节　区域差异

城市群内区域差异问题研究是区域差异的相关研究方法具体应用于城市群的研究内容，与之相关的文献综述主要包括区域差异的内涵诠释以及对不同地理范围内区域差异的测度与比较。

一、区域差异的内涵

区域差异指地区间社会经济综合实力水平的差距，包含了地区间经济、社会以及影响经济和社会发展的各方面要素的差距（陈秀山等，

2004；覃成林等，2011；孙久文等，2017）。已有研究中关于区域发展不平衡的相关概念有区域差异、地区差距、经济差距、居民收入差距、发展差距等一系列相关概念。由于地区的经济发展是一个综合性概念，从而区域差异相应地也应该是一个综合性指标（仇娟东，2013），既有总量上的差距，也有人均意义上的差距，但由于各地区在土地面积、人口等各方面存在先天性差异，已有研究更多关注各地区人均意义上的差异。

本书所指的区域差异主要是指城市群内各城市人均意义上的总体经济发展水平非均等化的现象，致使城市群内呈现经济发展不平衡的局面。

城市群是以区域中心城市为主体，与外围的中小城市具有紧密的社会经济联系而共同组成的城镇体系，中心和外围城市间的产业分工使得不同产业类型在不同区域集聚，从而形成显著的经济活动空间差异性。这种差异性或异质性不仅体现在以城市群为整体的区域范围内、城市群的中心和外围间，还可能体现在城市群的外围区域内部。因此，本书借鉴泰尔指数对区域差异的分解思路，从城市群总体空间差异、中心和外围间的区域差异、外围城市间的区域差异三个空间层次对城市群内的区域差异进行研究[①]。

二、区域差异的测度与比较

（一）测度方法

目前，用来测度区域差异大小的方法主要有三种：一是描述绝对差异的指标，主要有标准差、极差、最大值、最小值等；二是描述相对差异的指标，主要有变异系数、极值比率等；三是可分解指标，主要有泰尔指数、基尼系数等。前两种方法能够直观描述区域差异随时间变化的趋势，但不能表达出差异的来源与构成，泰尔系数和基尼系数不仅能表达出地区间的相对差异，还能将其成分分解成组间差异和组内差异。

测度指标一般采用人均 GDP、地区生产总值、地区财政收入、GDP 增

---

① 本书不再分析中心城市内部间的区域差异，主要原因是部分城市群为单中心城市群，中心城市间的区域差异仅存在于部分城市群，不具有代表性。

长率等指标，还有学者采用夜间灯光数据（刘华军和杜广杰，2017）。多数学者认为以人均GDP来衡量地区经济发展差异较为合理，因为不同区域间的地区生产总值、地方财政收入因地理范围的差异而缺乏可比性，只能体现相对规模的大小。GDP增长率的差异同样在增长基础很高和增长基础很低的不同区域间不具备可比性。夜间灯光数据主要能够在一定程度上克服人均GDP指标的主观性和统计推断误差，但美国国家海洋和大气管理局（National Oceanic and Atmospheric Administration，NOAA）官方网站公布的灯光数据从1992年开始，只能用来反映一定时期的区域发展差异。

（二）测度结果

地区发展不平衡不仅是学术界研究的热点问题，同时也是我国经济发展中众多学者关注和探讨的焦点问题。有关区域差异的研究多是以我国31个省份为研究对象，研究内容主要集中在中国区域差异是收敛还是分散以及东、中、西地带间经济差距上，近年来南北之间的差距问题也逐渐显现。以城市群为研究对象，对城市群内区域差异讨论的相关文献较少。城市群是以区域中心城市为主体，与周边的中小城市具有紧密的社会经济联系而共同组成的城镇体系，非均质的空间结构使其内部区域差异表现得更为明显。不同学者对不同城市群不同时期的区域差异进行测度，得出的研究结论也不尽相同。

一些学者从城市群内部总体差异角度展开研究：邓慧慧（2011）利用1952—2009年长三角、珠三角和环渤海都市圈内部省级数据进行测算，发现长三角和珠三角具有收敛趋势，但是环渤海都市圈内不存在收敛性。邓慧慧（2012）利用泰尔指数对十大城市群2000—2012年人均GDP的变化进行计算，发现除京津冀和辽中南城市群外，其他城市群内部城市间的总差异在不断减少。马勇（2016）通过计算长江中游城市群2004—2013年十年间的变异系数，发现长江中游城市群城市间经济差异减小，其中武汉城市圈是长江中游城市群总体经济差异的主要贡献者。杨明海（2017）通过计算七个城市群2006—2015年创新能力的区域内差距，发现京津冀城市群区域内差距最大，中原城市群区域内差距最小，其他城市群处于中间水平。

另有一些学者从中心和外围角度对城市群内的区域差异进行测度：周雪和李超（2020）对长江经济带八个城市群2003—2017年中心和外围间地区生产总值（GDP）之间的差距进行测度，发现除长三角城市群外，其余城市群地区差距都在逐年扩大。赵勇和齐讴歌（2015）、赵勇和魏后凯（2015）使用人均GDP和GDP测算2003—2011年中国16个城市群的中心和外围间的地区差距，并对分工与地区差距之间的关系进行讨论。兰秀娟和张卫国（2020）以省域为单元，使用人均GDP计算2005—2017年中心和外围间的经济发展差异。

第三节 城市群内产业分工与区域差异

一、城市群内产业分工对区域差异的影响机理

关于分工通过何种途径对城市群内的区域差异产生影响，已有研究主要对中心和外围间区域差异形成的原因进行讨论，认为生产效率、空间溢出效应、虹吸效应是形成中心和外围间区域差异的主要原因，并且发现空间外溢效应存在地理边界。

（一）对生产效率的影响

Henderson等（2008）从微观企业角度发现美国城市功能分工能够提高企业的生产效率。Audretsch等（2011）研究了德国城市的功能分工体系，发现城市间通过分工协作，能够提高创新效率，从而促进整体生产效率的提升。张若雪（2009）利用模型证明如果制造业从中心城市转移到外围城市，将会提高区域经济的增长率。柴志贤等（2016）从效率角度研究了产业分工对生产性服务业和工业的不同影响，发现产业分工能显著推动前者的效率增长，但对后者的效率存在抑制作用。齐讴歌等（2018）认为在城市群内产业分工演进过程中，中心城市与外围城市的全要素生产率会产生分化，主要原因是技术进步的作用而不是技术效率。

（二）空间溢出效应

国外关于中心对外围影响的讨论可以追溯到佩鲁（1950）的增长极理论，该理论认为经济增长通常是从一个或数个"增长中心"逐渐向其他部门或地区传导，因此应选择特定的空间作为增长极以带动经济的发展。缪尔达尔（1957）运用循环累积因果理论解释了区域经济发展不平衡问题，认为中心城市与外围城市之间既有回流效应也有扩散效应，扩散效应是指发达地区的资金、技术、劳动力等生产要素向落后地区流动，促进落后地区的发展，从而缩小地区间经济发展差异。弗里德曼（1966）提出"核心—边缘"理论，阐述了核心区与边缘区之间的相互作用和扩散的理论。克鲁格曼（1991）在梳理前人理论的基础上，建立了两部门的"中心—外围"模型，认为集聚的力量来自规模经济。还有国外学者通过对特别区域的分析，考察了中心与外围之间的关系。Richardson H W（1976）发现中心城市的扩散作用发挥需具备一定条件，只有中心城市的技术创新能力、产业结构等跨过一定门槛之后，即只有在其成熟期才能拉动外围城市经济的发展。Hughes（1994）使用投入产出模型检验了华盛顿中心—外围的关系，发现外围区域对核心区域的影响较强，而核心区域对外围区域的影响力较弱。Henry等（1999）研究了美国和欧洲的城乡间作用，认为中心城市区的辐射作用强于回流作用。Burger等（2019）证明产业集聚的正外部性不仅仅局限于单个城市，而且能够使邻近的城市之间强化正向溢出效应，从而带来更大的规模效应。

中心对外围的溢出效应同样是我国区域经济学界的热点。一部分学者讨论了行政区域中心城市对外围区域经济发展的影响：柯善咨（2009）发现省会和地级中心城市对下级市县的经济增长有显著的回流效应。朱虹等（2012）对比北京和上海，发现北京以"虹吸"效应为主，上海以"反哺"效应为主。伴随着城市群和都市圈等新型城市结构的发展，以城市群和都市圈为地域范围的实证研究逐渐展开，多数研究结论显示中心城市发展对外围城市的经济增长呈现出正向溢出效应（金祥荣和赵雪娇，2016；王贤斌和吴子谦，2018）。

在对空间外溢效应的研究中，许多学者发现中心城市的空间外溢效应具有一定的地理边界。刘修岩（2008）提出地理因素在创新和技术外溢上具有重要的作用，区域和国家间的知识扩散的确存在，但扩散随着地理距离的增加而发生显著的衰减趋势。姚永玲和赵宵伟（2012）提出现代服务业则通过中心城市不断对腹地城市产生辐射，对邻近城市有较大影响。席强敏和李国平（2015）发现信息服务业在京津冀地区城市间的溢出仅体现在相邻城市之间。余泳泽等（2016）发现生产性服务业空间聚集对制造业生产效率提升的空间外溢效应表现较为明显，并且这种空间外溢效应会存在具有空间衰减特征的地理边界，其中省界对空间外溢效应的发挥具有一定的阻碍作用。程中华等（2017）认为生产性服务业集聚能够通过知识和技术的空间溢出对周围地区产生较强的空间外溢效应，进而显著提升周围地区的工业效率，而且这种空间外溢效应存在一定的区域边界。贺小丹（2020）提出中心高端生产性服务业的空间溢出效应随地理距离的增加呈衰减趋势，因而其辐射效应在空间上呈现层级差异性分布。孙晓露和闫东升（2021）发现长江三角洲核心区域空间外溢效应随距离增加呈现倒"U"型趋势。

（三）虹吸效应

在经济学中，用虹吸效应来解释特定区域优势吸引相关区域资源的现象。经济学家很早就开始思考"虹吸"问题，但早期城市间的运输成本较高，虹吸效应表现得并不十分显著。缪尔达尔（1957）在"循环累积因果理论"中提出落后地区的资金、劳动力会向发达地区流动，导致落后地区要素不足，发展缓慢，将其称为回波效应。Alonso（1964）建立了单中心城市模型，该模型将虹吸问题作为例外的情况考虑。Henderson（1974）开始关注城市之间的影响关系，认为外部经济和内部经济构成城市的"向心力"和"离心力"。

国内越来越多的经济学家使用虹吸效应来描述区域经济发展中资本、人才等生产要素向中心城市集聚的现象（宋方涛，2009；杜明军，2012；刘和东，2013）。部分学者认为京津冀城市群内北京对周边城市生产要素存在强大的虹吸效应,作为生产性服务业集聚地,北京凭借其特定的区域优势,对津冀两地的投资、消费、人才、资金产生强大的吸引力,导致形成"大树底下不长草"的两极分化现象(祝尔娟,2014;傅志华等,2015)。李建华等(2016)发现中心城市不可标准化的服务业对周边城市具有显著的虹吸效应,一线大城市周边地区的劳动力和资本在强大的引力下,不断地向大城市集聚。马茹和王宏伟(2017)认为城市群内中心城市凭借创新优势会加速创新资源的进一步集聚,中心城市虹吸效应导致的创新人才的区域差距是京津冀、长三角和珠三角三大城市群的共同难题。孙克等(2018)通过计算发现城市群中心城市生产性服务业对周边城市具有强大的虹吸效应,主要原因是区域中心城市处于规模扩张阶段,需要不断地从周边吸取发展资源。

二、城市群内产业分工对区域差异的影响效果

已有文献在探讨区域差异形成原因时,将区域差异的形成原因归纳为产业差异、地理因素、区域发展政策、要素投入、基础建设等。早期对产业结构的讨论主要认为第二产业分布的不均衡性和部分地区制造业高度集聚是造成区域差异形成的主要原因,之后随着服务业的快速发展,城市群内新型产业分工与区域差异的关系也成为一个研究热点。

(一)制造业集聚与区域差异的研究

国外学者从地区产业结构差异的角度来解释地区经济之间的差距。Thirlwall(1966)通过建立一个关于英国地区间失业率差距的分析框架,得出各地之间失业率的差距是由不同地区存在不同的产业结构所造成的结论。此后 Brechling(1967)、Bell(1981)、Chapman(1991)、Byers(1990)、Growneworld(1990,1991)等运用 Thirlwall(1966)的分析框架研究了不同国家地区经济差距和产业结构之间的关系,认为产业结构与地区经济差距之间存在密切关系。

何雄浪和李国平(2007)则认为降低贸易成本有利于加快区域一体化进程,有利于产业集聚而形成专业化分工现象,但是会导致落后地区被锁

定于传统产业，从而加大地区之间的差距。李胜会和冯邦彦（2008）以广东省为例，验证了第二产业在核心区域的集聚在拉动区域经济增长的同时导致核心区和边缘区地区差距的扩大。郑若谷（2009）认为制造业向优势地区集聚形成的地区制造业发展不平衡是我国地区经济差距扩大的重要原因，深入分析表明由于产业地区集中所形成的制造业规模不同和地区间全要素生产率差异是地区差距形成的主要原因。干春晖和郑若谷（2010）提出第二、第三产业的地区不平衡是地区经济差距的主要构成原因，因此必须促进中西部地区第二、第三产业的发展，提高落后地区的第二、第三产业的比重，促进产业的地区平衡发展。袁冬梅（2012）认为第二产业的不均衡布局是解释东部与西部地区发展差距的最主要因素，同时第三产业的影响力不断增强。

（二）城市群内产业分工对区域差异的影响研究

关于城市群内产业分工与区域差异关系的文献主要分为两类：一类探讨分工对城市群总体空间差异的影响，另一类探讨分工引起的中心和外围间的区域差异的变化。

1. 分工对城市群总体空间差异的影响

第一类文献相对较少，但总体认为城市群内产业分工通过分工协作、优势互补能够实现资源的最优化配置，对城市群经济的发展产生规模效应。魏后凯（2007）认为城市群内的新型产业分工能够有效消除和缓解城市间的产业冲突，提升总体资源配置效率。王磊等（2016）以关天经济区为例进行研究，认为城市间的产业分工有助于提升城市间的经济联系。马燕坤（2016）在三大城市群对比分析的基础上通过实证分析发现三大城市群内产业分工与经济发展水平之间存在显著的正向关系。李伟军等（2015）以上海为例说明服务业的发展可以通过关联效应带动制造业的发展，两者之间具有产业关联效应，共同促进地区的经济增长。陈建军等（2016）探讨了生产性服务业与制造业协同集聚对城市生产效率的影响。刘胜（2019）发现城市群内产业分工具有削弱"行政区划壁垒"和加强"产城融合效应"两种作用，并通过这两种效应的发挥提高资源配置效率，促进城市群高质量发展。黎文勇和杨上广（2019）提出城市群产业分工通过互补效应、集聚效应、竞争效应、选择效应影响区域的全要素生产率，并且对外围城市全要素生产率的促进作用大于中心城市，因此有助于通过缩小中心与外围之间的生产率差异来推动城市群均衡发展。

2. 分工对中心和外围间的区域差异的影响

第二类文献的研究结论主要分为两种。一些学者认为"中心—外围"的空间产业结构会引起中心和外围间的区域差异的扩大或者呈现倒"U"型关系，另外一部分学者则认为产业集聚不会引致区域差异扩大。

从理论研究来看，新经济地理学证实，产业集聚基础上形成的"中心—外围"空间结构与区域差异紧密相关。迪克希特和斯蒂格利茨（1977）在《垄断竞争与最优产品多样化》论文中引入规模报酬递增和垄断竞争，并构建了 D-S 模型。Krugman（1991）在 D-S 模型的基础上提出了"中心—外围"（CP）模型。"中心—外围"（CP）模型主要从微观经济主体角度探索经济活动空间集聚的循环积累过程，即一个最初具有对称结构的经济系统如何通过制造业人口的迁移内生地演化为工业核心区和农业边缘区，该理论成为新经济地理学的理论基础。Fujita、Krugman 和 Venables 研究证实，在中心城市制造业集聚的基础上，中心城市的市场规模会不断扩大，并且在"价格指数效应"和"市场规模效应"的作用下，中心地区和外围地区间的区域差异会不断扩大。有学者对"中心—外围"和地区差距之间的关系进行进一步研究，认为该种分工格局与区域差异之间存在钟形的倒"U"型关系，即在地域分工初期，中心城市制造业高度集聚，与外围的区域差异不断扩大；随着经济一体化的发展，外围城市制造业水平逐渐提高；当区域经济一体化程度到达某一临界值时，区际差距开始缩小（Combes et al., 2008）。

新经济地理学对"中心—外围"产业空间结构的探讨主要是对制造业与农业之间的探讨，并未将生产性服务业纳入分析框架。随着经济和产业的发展，生产性服务业和制造业协同集聚的特征日益明显，尤其是在城市群范围内，逐渐形成中心城市以生产性服务业为主，外围城市以制造业为主的产业分工格局。一些学者在新经济地理学的基础上对这种新型的"中心—外围"产业分工格局进行研究，具有代表性的是 Villar 和 Rivas（2001），在已有研究的基础上，将生产性服务业部门引入"中心—外围"，运用一般均衡分析框架，构建了新的"中心—外围"产业空间布局模式，但 Villar 和 Rivas（2001）的研究主要是对分工模式进行了探讨，并未研究其对地区差距的影响。Guimaraes 等（2000）通过对葡萄牙新建外资工厂的区位选择进行研究，发现其更倾向于选择经济发展较好和服务业集聚的中心城市，由此可能会扩大中心与外围之间的生产效率差异。

国内学者以 CP 模型为基础，对我国城市群内中心和外围间的区域差异进行分析。王小鲁（2010）提出中心城市对外围城市同时具有正的外部影响（外溢效应）和负的外部影响（虹吸效应），两种力量的合力决定经济圈内部是共同发展还是差距增大。赵勇和魏后凯（2015）、赵勇和齐讴歌（2015）研究发现城市群内功能分工与地区差距之间存在倒"U"型关系，即在拐点之前，地区差距会扩大，在拐点之后，地区差距会缩小。并且发现，政府干预在功能分工初期对地区差距扩大具有抑制作用，在拐点之后，对地区差距缩小具有抑制作用。冯剑（2018）以京津冀城市群为例，发现京津冀城市群在没有政府干预的前提下，空间功能分工与地区差距之间存在倒"U"型关系，且政府干预对地区差距有扩大作用。赵正等（2019）认为我国城市群普遍存在单极化发展，分工模式下中心城市甚至对次中心城市的发展产生了一定的挤压和屏蔽作用。周雪和李超（2020）以长江经济带内的城市群为研究样本，发现城市群空间功能分工与中心城市和外围城市间的地区差距之间存在倒"U"型特征，但不同城市群处于不同的发展阶段，有的处于差距缩小阶段，有的处于差距扩大阶段。兰秀娟和张卫国（2020）认为中心城市的扩散效应能够缩小两地之间的差距，中心城市发展到一定程度后，会产生扩散效应带动外围城市的发展。

与新经济地理学关于区域差异的理论截然相反，本地市场效应理论认为产业集聚不会引致区域差异扩大，这是因为两种理论模型对资本和劳动力等生产要素的条件设置不同。"中心—外围"模型假设高技能劳动力是唯一的生产要素，且能够跨地区流动，由于高技能劳动力对流入地货币外部性的形成和提升有很大的推动作用，因此，高技能劳动力的跨区域流动可以迅速扩大流入地和流出地之间的收入差距，这是"要素价格调整效应"（Head & Mayer，2004；范剑勇和张雁，2009）。本地市场效应模型假设存在资本和低技能劳动力两种生产要素，资本可以跨区域流动，而且利息归流出地劳动者所有，但低技能劳动力不能跨区域流动。在这种情况下，即使出现产业在空间上集聚的现象，也不会扩大地区间的收入差距，这是"产业结构的数量调节效应"（Davis & Weinstein，1999，2003；范剑勇，2010）。

第四节 现有研究评述

城市群是在工业化、城市化进程中出现的区域空间形态的高级现象，也是我国新型城镇化的主体形态。欧美国家城市群内的产业集聚与分工问题早已引起学者的广泛关注，进行了大量的研究并取得了丰硕的成果。我国城市群发展步伐较为缓慢，京津冀、长三角、粤港澳大湾区是我国目前发育较为成熟的城市群，中西部城市群还在发展培育阶段，对于城市群内产业分工的研究目前还处于吸收和借鉴阶段，已有研究存在以下不足：

第一，从研究视角分析，已有关于城市群内区域差异的研究，多是从城市群协同发展角度或是中心和外围之间的角度对城市群内的区域差异进行研究，并且主要从中心和外围的角度对区域差异进行分析。我国国家区域政策的目标正从以提升竞争力为目标的非均衡发展战略向区域协调发展战略转变，如何促进城市群整体高质量发展是区域发展的重要目标，同时外围城市是城市群内一个数量庞大的个体，但其经济发展状况也存在较大的差异性，因此本书借鉴泰尔指数对区域差异的分解思路，认为城市群内区域差异应从三个层面进行分析：城市群总体空间差异、中心和外围间的区域差异、外围城市间的区域差异。对城市群内地区差异的细化分析，可以为适当细化区域政策的空间单元、着力实施分类型指导提供可靠的借鉴。

第二，从研究方法分析，已有文献在对城市群内产业分工对区域差异影响进行实证研究时，没有对中心城市与外围城市进行区分。虽然目前中国城市群内产业分工相对于国外城市群而言还处于起步阶段，但中心城市与外围城市已经呈现出不同的分工形态，中心城市与外围城市属于异质性地区，如不区分中心城市与外围城市分别进行检验与分析，将无法清晰刻画产业分工对于中心城市与外围城市的不同影响。因此，本书在进行实证检验时，区分中心城市与外围城市，分别考察城市群内产业分工对其的影响。同时在分析中心和外围间的区域差异时，已有研究多是从城市群整体层面对城市群整体分工水平和中心与外围间的区域差异的关系进行探讨，将多中心城市群内的多个中心城市视为同质个体，但不同中心城市的空间外溢能力存在较大的差异性，因此，本书从中心城市角度对城市群内产业分工与中心和外围间的区域差异进行实证研究，能够更加准确地刻画不同中心城市的特征以及其功能的变化。

第三，从研究区域分析，从现有文献看，对于城市群内产业分工的研究区域主要集中在长三角城市群、京津冀城市群、粤港澳大湾区，对中西部城市群的研究较少。中西部城市群虽然整体发展水平落后于东部城市群，但形成以中心城市引领城市群发展、以城市群推动区域协调发展的新机制是我国区域协调发展的目标，因此对于中西部城市群的产业分工现状及未来发展趋势进行研究具有现实意义。

针对这些不足，本书尝试从以下三个方面展开研究：一是在研究视角上，从城市群总体空间差异、中心和外围间的区域差异、外围城市间的区域差异三个层面进行分工与区域差异的研究。二是在研究方法上，区分中心城市和外围城市，分别考察城市群内产业分工对总体空间差异的影响，同时从中心城市角度对城市群内产业分工与中心和外围间的区域差异进行实证研究。三是在研究区域上，选择中国具有代表性的东部、中西部城市群进行研究，既从整体角度进行城市群的一般性分析和检验，同时分地区进行对比分析和验证，从而使得研究结论有广泛的空间内涵。

第五节　本章小结

　　城市群是发达国家城市化的主体形态，也是我国城市化快速发展时期的新特征。城市群内产业分工对于优化产业空间布局、提升产业竞争力、带动地区经济发展具有重要作用。中国不同城市群由于地理及历史原因处于不同的发展阶段，产业分工与区域差异之间的关系并未得出一致的结论，本书主要对城市群内产业分工及其与区域差异之间的关系进行研究，在研究基础上对如何深化城市群内产业分工、缩小区域差异提出政策性建议，为此需要对城市群内产业分工与区域差异的相关文献进行梳理和总结。首先对城市群、分工、城市群内产业分工、区域差异等相关概念进行辨析；其次梳理区域差异、分工与区域差异的关系、分工对区域差异的影响机理、城市群产业分工影响因素的国内外相关研究文献。国内外已有文献为本书的进一步研究提供了借鉴，但在研究视角、研究方法和研究区域方面还存在一定的问题，对于这些问题的研究能够更清楚地把握不同层面城市群内产业分工与区域差异之间的发展状况和问题，从而促进区域发展战略政策的不断深化和细化。

第三章
城市群内产业分工的形成与模式

无论是国内城市群还是国外城市群，城市群内产业分工的形成均是一个不断演进的过程，生产性服务业逐渐替代制造业成为中心城市的主导产业，同时周边城市产业结构也在不断调整中。本章在对国内和国外城市群内产业分工演变过程描述的基础上，对城市群内产业分工模式进行分析。

第一节　国内城市群内产业分工的形成过程

城市的发展与分工存在着密切的关系，城市是分工的空间表现形式，分工是城市形成和发展的动力机制。新兴古典经济学的城市化理论认为，城市的起源和发展是分工演进的结果。分工促进了企业专业化经济和规模经济的发展，从而在空间上促进了经济活动在城市的集中以及部门间空间分布上的异化。[①]

一、初期阶段

在初期阶段，城市群还处于萌芽状态，城市规模相对较小，各个城市间的经济联系较弱。中心城市一般为各省的省会城市或者直辖市，中心城市与外围城市的交通联系相对于外围城市之间较为便捷，故中心城市既是区域的政治中心，也是区域的交通中心。虽然从产业大类上显示不出城市间的产业分工情况，但各城市间的分工依然存在，主要表现为工业大类的

---

① 本节以长三角城市群为例，对城市群内产业分工的变化过程进行分析。依照中共中央、国务院 2019 年 12 月 1 日印发的《长江三角洲区域一体化发展规划纲要》，以上海市、江苏省、浙江省、安徽省内 27 个城市为中心区，由于安徽省域内城市融入长三角城市群的时间较晚，故对长三角城市群内产业分工形成过程的描述不包含安徽省域内各市。

水平分工,且每个城市间的技术水平相差不大,市场分割严重,存在一定程度的同质化竞争。各个城市多是重工业和轻工业兼有,但在重工业和轻工业内部,存在不同行业间的分工和产品差异。各城市的服务业规模较小,多依附于工业发展而发展,很多生产性服务业部门都属于企业的内部部门,并未独立出来,各城市都在发展各自"大而全"或"小而全"的产业体系。

1988年长三角城市群各城市的产业结构较为相似,从产业大类上分析,多数城市的第二产业占比均在50%以上,无论中心城市还是外围城市,各城市的支柱产业均为工业。城市群中第二产业发展呈现出简单的圈层结构,中心城市上海及周边城市的第二产业占比要高于其余外围城市。将长三角城市群核心城市划分为上海、苏南和浙北地区,发现三地区的工业部门存在一定的差异性[①]:上海作为经济中心,钢铁、纺织、玩具、塑料制品、五金、皮革、针织等为其主要工业部门;苏南地区以农产品加工、家用工业品、小机电、建材、机械、化工等为主;浙北地区则以冶金、化工、建材、服装、日用机械、家具、文教用品等为主。在该阶段,城市产业发展处于较低的层次,产业的多样性特点较为显著。虽然同类产业存在一定的技术水平差异性,但技术水平差异度较小,专业化特点并不十分明显。

二、发展阶段

随着城市规模的逐渐扩大,中心城市由于地理位置、交通优势率先发展,在政治中心、交通中心的基础上,作为区域经济中心的地位更加显著。随着城际交通运输网络的逐步形成和优化,中心城市与外围城市、外围城市之间的经济联系增强,中心城市与外围城市之间以及外围城市之间的产业分工开始发展。

在这个阶段,无论中心城市还是外围城市的产业主体均仍以工业为主,这是该阶段与深入发展阶段的一个显著区别。该阶段与初期阶段的主

---

① 由于统计数据的限制,只能从已有文献查阅同时期各个城市的主要工业部门。

要区别体现为中心城市与外围城市之间呈现出工业垂直分工的态势，中心城市与外围城市的技术水平差异逐渐扩大，中心城市专注于高新技术制造业，而外围城市更多从事低技术制造业。从大的产业门类来看：中心城市农业种植面积大幅减少，第一产业的比重减少，产业内容向农业服务业转变；第二产业优势明显，已形成一定的规模化效应；第三产业快速兴起，产业占比在逐步提高。外围城市在与中心城市工业垂直分工的基础上，基于自身的区位和资源优势，正逐步发展自己具有地域特色的产业。无论中心城市还是外围城市，城市专业化水平相对于前一阶段都有所提高，分工合作的经济利益正逐步体现。但由于该阶段我国经济处于经济高速增长阶段，各城市之间的产业分工比较粗糙，产业重复布局和产业同构问题比较突出。

1990年中央政府做出开发上海、开放浦东的决定，1992年党的十四大报告进一步提出"以上海浦东开发开放为龙头"带动长江三角洲和整个长江流域地区经济的新飞跃。上海的国有企业及其他工商企业，通过建立原辅料生产基地、零部件配套体系、产品贴牌加工等方式快速向长三角城市群地区的中小城市和乡村扩散，特别是紧邻上海的苏南地区根据上海的需求主动调整，竞相与上海的工业企业合作。20世纪90年代，作为长三角城市群核心城市的上海，其重化工业逐渐向附近的沿江和沿海地区转移，如表3-1所示。上海市无论轻工业还是重工业产值占全国比重均在下降，说明上海市工业整体在向外部迁移，江苏省无论轻工业还是重工业产值占全国比重在1990—1998年均经历了先上升后下降的变化，尤其是在1990年后至1994年，占比上升较快，与国家政策的时间节点相一致。在此期间，在江苏省自身发展的同时，上海部分重工业和轻工业的外迁对江苏省产业结构的变化产生了一定的影响。20世纪90年代，长三角城市群主要产业空间分布如表3-2所示，上海主要发展技术含量相对较高的汽车及高附加值产业，外围城市则主要发展轻工业以及与上海高科技产业相配套的制造业。

表 3-1　1990—1998 年江苏省与上海市轻工业与重工业占全国比重（%）

年份	江苏省		上海市	
	轻工业	重工业	轻工业	重工业
1990	6.3	5.2	3.5	3.3
1991	6.3	5.6	3.7	3.6
1992	6.9	6.6	3.3	3.7
1993	7.1	7.6	2.9	4
1994	7.1	6.9	2.7	3.4
1995	5.2	5.5	2.6	3.2
1996	5.7	5.9	2.3	2.8
1997	5.6	5.4	2.2	2.7
1998	5.4	5.3	2.1	2.7

数据来源：《江苏统计年鉴》《上海统计年鉴》。

表 3-2　20 世纪 90 年代长三角城市群主要产业空间分布

地　区	主要产业
上　海	汽车、电站成套设备、钢铁、精细化工等
沿江地区	钢铁、石化、冶金等
沿海地区	石化、钢铁、冶金等
苏锡常+杭嘉湖	普通电子产品、家电制造、农副产品加工、轻纺、通信产品配套等

资料来源：马燕坤，张雪领．中国城市群产业分工的影响因素及发展对策［J］．区域经济评论，2019（6）．

三、深入发展阶段

随着城市规模的不断扩大和城市群形态的形成，以及交通和通信技术的快速发展，城市群经济社会网络系统基本形成，中心城市与外围城市之间产业流高度强化，城市之间的分工与合作更加密切。工业不再是中心城市的核心产业，第三产业在 GDP 总产值的占比超过 50%并持续上升，中心城市与外围城市之间的产业分工从工业之间的垂直分工向着联系更加紧密、分工更加细化的方向进一步发展。

（一）中心与外围之间生产性服务业和制造业协同集聚的模式已经显现

市场竞争的加剧使得企业更加专注于核心业务的经营，把非核心环节外包或者舍弃。与此同时，新生产技术的出现，不断改变现代产业的组织连接形式，推动新兴产业的形成与发展，生产性服务业和制造业相互分离，成为不同类型企业的核心产业。随着城市规模的扩大，中心城市由于产业和人口集聚，土地成本及人力成本等各项生产要素成本急剧上涨，拥挤效应对产业分布的影响逐渐显著。生产性服务业对要素成本的敏感度较低，制造业对土地、资本和劳动力成本的敏感程度远远大于生产性服务业。外围城市是城市群内的"成本洼地"，通信技术的革命使得企业内部及企业间的信息传递受时空和区域的限制逐渐减弱，而交通技术尤其是高铁、城际铁路的飞速建设，更是缩短了城市之间的时空距离，越来越多的制造企业开始向外围城市迁移，金融、研发、会展、文化创意、教育等生产性服务业逐渐成为中心城市的主导产业。但不同城市群内中心城市与外围城市的产业分工处于不同的发展阶段，存在较大的空间差异。在发展较快、发育较为成熟的京津冀城市群、长三角城市群、粤港澳大湾区内分工形态明显，而在中西部城市群内，中心城市制造业占比仍然相对较高。

表3-3为长三角城市群2003—2018年生产性服务业及制造业就业人数区位商变动。表中信息显示中心城市上海市，次级中心城市南京市和杭州市的制造业区位商均显著下降，相对于2003年，2018年分别下降0.21、0.33和0.15，说明三市的整体制造业优势在群内逐渐下降。与制造业优势下降的趋势不同，上海、南京各项生产性服务业的区位商均显著上升，杭州部分生产性服务业的区位商有所下降。上海、南京、杭州三市的变化说明中心城市及次级中心城市的生产性服务业的专业化程度显著上升，已经成为城市群内生产性服务业的集聚地，而制造业已不再是中心城市的核心优势产业。外围城市与中心城市呈现相反的变化情况，城市群内绝大多数外围城市的制造业区位商显著上升，且大于1，但各项生产性服务业的区位商均有所下降，且小于1，说明外围城市制造业的优势地位已经显现。长三角城市群生产性服务业及制造业就业人数区位商变动情况说明在长三角城市内部，中心城市与外围城市的新型产业分工局面已经十分明显，中心城市更多地发挥生产性服务功能，外围城市则更多地承担生产制造功能。

表 3-3 长三角城市群 2003—2018 年生产性服务业及制造业就业人数区位商变动

城市	年份	交通运输、仓储和邮政业	信息传输、计算机服务和软件业	金融业	房地产业	租赁和商务服务业	科研、技术服务和地质勘查业	制造业
上海市	2003	1.46	1.07	1.04	1.57	1.62	1.38	0.99
	2018	1.87	1.69	1.42	1.58	2.17	1.81	0.78
	变化量	0.41	0.62	0.38	0.01	0.55	0.43	-0.21
南京市	2003	1.36	1.04	0.82	1.09	0.54	1.51	0.96
	2018	1.37	2.6	0.87	1.4	1.11	1.55	0.63
	变化量	0.01	1.56	0.05	0.31	0.57	0.04	-0.33
无锡市	2003	0.68	1.04	1.02	0.77	0.48	0.86	1.21
	2018	0.64	0.75	0.94	0.72	0.41	0.6	1.67
	变化量	-0.04	-0.29	-0.08	-0.05	-0.07	-0.26	0.46
常州市	2003	0.7	0.66	0.81	0.53	0.37	0.61	1.23
	2018	0.66	0.35	0.69	0.47	0.68	1.12	1.38
	变化量	-0.04	-0.31	-0.12	-0.06	0.31	0.51	0.15
苏州市	2003	0.57	0.99	0.77	0.34	0.65	0.32	1.53
	2018	0.7	0.43	0.63	0.82	0.38	0.47	2.06
	变化量	0.13	-0.56	-0.14	0.48	-0.27	0.15	0.53
南通市	2003	0.64	0.65	0.74	0.4	0.43	0.4	1.1
	2018	0.28	0.11	0.45	0.26	0.35	0.25	0.58
	变化量	-0.36	-0.54	-0.29	-0.14	-0.08	-0.15	-0.52
扬州市	2003	0.63	0.96	0.77	0.47	0.9	0.47	1
	2018	0.44	0.3	0.43	0.4	0.41	0.46	0.69
	变化量	-0.19	-0.66	-0.34	-0.07	-0.49	-0.01	-0.31
镇江市	2003	0.91	0.8	0.92	0.85	0.53	0.68	0.99
	2018	0.79	0.27	1.39	0.92	0.77	0.66	1.14
	变化量	-0.12	-0.53	0.47	0.07	0.24	-0.02	0.15
泰州市	2003	0.54	0.95	1.01	0.55	0.53	0.53	0.95
	2018	0.52	0.19	0.57	0.31	0.24	0.29	0.6
	变化量	-0.02	-0.76	-0.44	-0.24	-0.29	-0.24	-0.35

续表

城市	年份	交通运输、仓储和邮政业	信息传输、计算机服务和软件业	金融业	房地产业	租赁和商务服务业	科研、技术服务和地质勘查业	制造业
杭州市	2003	1	1.36	1.07	1	1.16	1.64	0.83
	2018	0.83	1.75	1.07	1.61	1.08	1.37	0.68
	变化量	-0.17	0.39	0	0.61	-0.08	-0.27	-0.15
嘉兴市	2003	0.37	0.9	1.49	0.97	1.14	0.79	1.04
	2018	0.5	0.26	0.74	0.86	1.01	0.81	1.7
	变化量	0.13	-0.64	-0.75	-0.11	-0.13	0.02	0.66
湖州市	2003	0.81	1.08	1.35	0.84	0.97	0.75	0.49
	2018	0.46	0.27	1.32	0.53	0.32	0.42	1.11
	变化量	-0.35	-0.81	-0.03	-0.31	-0.65	-0.33	0.62
舟山市	2003	1.14	1.36	1.06	1.33	1.17	0.67	0.65
	2018	2.71	0.41	1.47	1.08	1.21	0.53	0.52
	变化量	1.57	-0.95	0.41	-0.25	0.04	-0.14	-0.13
绍兴市	2003	0.51	0.84	1.16	0.39	0.37	0.42	0.72
	2018	0.27	0.12	0.53	0.2	0.18	0.25	0.69
	变化量	-0.24	-0.72	-0.63	-0.19	-0.19	-0.17	-0.03
台州市	2003	0.46	1.25	1.39	0.69	0.65	0.63	0.51
	2018	0.29	0.17	1.56	0.36	0.35	0.28	1
	变化量	-0.17	-1.08	0.17	-0.33	-0.3	-0.35	0.49
宁波市	2003	0.75	0.68	1.11	0.8	0.86	0.68	0.84
	2018	1.07	0.27	1.51	0.8	0.66	0.71	1.32
	变化量	0.32	-0.41	0.4	0	-0.2	0.03	0.48

数据来源：《中国城市统计年鉴》（2004，2019）。

（二）高技术制造业和低技术制造业在中心和外围间的分布也存在差异性

高技术制造业与低技术制造业之间的分工，也是中心城市与外围城市之间的一种分工形式。虽然由于中心城市土地成本及人力成本等各项生产要素成本过高引起制造业大量向低成本的外围城市迁移，但以电子信息、新能源、新材料等为代表的高技术制造业由于其产业自身的需求和特点仍会保留在中心城市。主要原因有以下三个方面：第一，高技术产业的产业附加值较高，使其能够承担中心城市较高的人力成本和土地成本；第二，高技术产业属于知识和技术密集型产业，科技人员的比重较大，对职工文化、技术水平要求较高，外围城市难以为其提供合适的产业发展软环境；第三，高技术产业属于战略性产业，对于中心城市的经济和社会发展具有重要意义，属于中心城市重点发展扶持产业。因此，制造业并不会完全迁移出中心城市，但随着分工的深化，中心城市制造业的产业门类会不断发展改变。当某一高新技术产业可以规模化生产时，会根据市场规律自动向外围城市迁移，而在其发展初期，多数会在中心城市，以便充分利用中心城市人才、技术优势进行技术创新。

表3-4为上海市2003—2018年制造业各行业产值所占份额的变化。将制造业按照产业特性区分为劳动密集型、资本密集型和技术密集型三类，由表3-4可以明显看出上海市在2003—2018年，劳动密集型与资本密集型制造业的产值份额均在减少，技术密集型制造业的产值份额显著上升，说明上海市制造业以技术密集型产业为主。2016年长三角城市群各城市中，劳动密集型产业产值占比最高的是南通市，最低的是南京市和常州市；资本密集型产业产值占比最高的是常州市和无锡市，最低的是南京市；技术密集型产业产值占比最高的是南京市、上海市和苏州市。这说明上海与江苏省内的各市在制造业内部已经形成一定的产业分工，中心城市的制造业以技术密集型产业为主，例如上海市2003年技术密集型制造业产值占比为49.07%，2018年达到57.58%。目前，上海将医药制造业、航空航天器及设备制造业、电子及通信设备制造业、计算机及办公设备制造业、医疗仪器设备及仪器仪表制造业、信息化学品制造业作为重点发展的高技术制造业，其工业总产值占全市的比重2018年为20.9%，已形成具有城市特点、极具发展潜力的核心制造业。近年来外围城市在中心城市的辐射带动下，产业技术含量也显著提高，技术密集型产业产值份额上升，但同一时期的占比明显低于中心城市。

表 3-4　上海市 2003—2018 年制造业各行业产值所占份额的变化

类型和行业	份额变化（%）
劳动密集型	
小　计	-4.42
农副食品加工业	-0.24
食品制造业	0.25
酒、饮料和精制茶制造业	-0.51
烟草制品业	1.17
纺织业	-2.24
纺织服装、服饰业	-1.84
皮革、毛皮、羽毛及其制品和制鞋业	-0.37
木材加工和木、竹、藤、棕、草制品业	-0.56
家具制造业	0.48
造纸和纸制品业	-0.20
印刷和记录媒介复制业	-0.36
文教、工美、体育和娱乐用品制造业	0.14
资本密集型	
小　计	-4.31
石油、煤炭及其他燃料加工业	-1.08
橡胶和塑料制品业	-0.41
非金属矿物制品业	-0.43
黑色金属冶炼和压延加工业	-4.24
有色金属冶炼和压延加工业	-0.25
金属制品业	-0.66
通用设备制造业	1.68
专用设备制造业	1.36
仪器仪表制造业	-0.50
其他制造业	-0.35
技术密集型	
小　计	8.51
化学原料和化学制品制造业	3.37

续表

类型和行业	份额变化（%）
医药制造业	0.80
化学纤维制造业	-0.51
交通运输设备制造业	6.92
电气机械和器材制造业	0.75
计算机、通信和其他电子设备制造业	-2.82

数据来源：《上海统计年鉴》（2004，2019）。

基于以上分析，可以看出长三角城市群内产业分工的形成是一个由简单到复杂、由低级到高级的动态变化过程。从初期的工业之间的简单分工逐渐发展为具有密切产业关联的新型"中心—外围"产业空间布局，其主要特征是：生产性服务业在中心城市集聚，制造业分布在外围城市。

第二节　国外城市群内产业分工的形成过程

在世界经济全球化和区域经济一体化发展的大背景下，城市群已经成为各个国家参与全球竞争与国际分工的全新地域单元。国际经验表明，美国、欧洲、日本等发达国家（地区）的城市群也经历了产业分工的演变。美国波士华城市群和日本东京都市圈[①]，发展历史悠久，产业布局极具代表性。

---

① 日本行政管理厅于20世纪60年代提出"大都市圈"的概念，标准为中心城市为中央指定市，或人口规模在100万人以上，并且邻近有50万人以上的城市，外围地区到中心城市的通勤人口不低于本地人口的15%，大都市间的货物运输量不得超过总运输量的25%。目前，日本行政管理部门界定都市圈的标准为：常住地区15岁以上的就业人口和15岁以上的上学人口在10%以上构成的"通勤圈"和"上学圈"就形成都市圈，把都市圈分为大都市圈和地方都市圈。东京都市圈2018年人口规模1300多万人，其辐射半径超过100公里。我国城市群发展较晚，东京都市圈作为成熟的都市圈，其中心城市强大的集聚与辐射能力及与外围城市的产业关联对我国城市群的发展具有借鉴意义。

一、波士华城市群产业分工的形成过程

(一)波士华城市群概况

波士华城市群位于美国北大西洋沿岸,又被称为美国东北部大西洋沿岸城市群,是世界十大城市群之一。波士华城市群北起缅因州,南至弗吉尼亚州,跨越了美国10个州,包含40多个城市,呈带状分布,总面积约为13.8万平方公里。波士华城市群呈典型的圈层结构,根据各区域的经济发展水平,纽约位于第一圈层,是位于"塔尖"的中心城市;华盛顿、费城、波士顿、巴尔的摩位于第二圈层;这五大中心城市周边分布的40多个中小城市属于第三圈层。

(二)波士华城市群发展历程

波士华城市群大致经历了三个发展阶段。第一阶段是城市孤立分散发展阶段。在美国南北战争之前,美国的城市发展还处于起步阶段,城市化进程缓慢,城市产业结构为典型的一、二、三型,农业在产业中占据主导地位。伴随着美国城市化进程的加快,人口和产业逐渐向城市集聚,城市规模逐渐壮大,但由于技术水平的限制,各城市之间的交通无法实现有效的连接,故在该阶段各城市之间处于独立发展的阶段,并未形成明显的空间组织结构状态。

第二阶段是区域体系形成阶段。伴随着美国内战的结束和第二次工业革命的开始,技术给美国工业带来了巨大变革,先进的工业取代了农业的主导地位,成为美国经济发展的主力军,产业结构从"一、二、三"型变为"二、三、一"型。以纽约、费城和波士顿为代表的港口城市快速发展,集聚能力不断增强,城市数量增加,城市规模急剧扩大。同时以铁路为代表的交通体系增强了城市之间的有效联动,逐步形成了以纽约、波士顿、费城为中心的轴状发展结构,多中心的区域城市体系初步形成。

第三阶段是波士华城市群形成阶段。这一阶段美国经历了经济大萧条和第二次世界大战,1920年后,美国城市化基本完成,进入了后工业化时期,制造业开始衰退,作为美国重要工业基地的波士华城市群经历了重要

的产业升级和城市间产业分工阶段。一方面，以服务业和金融业为代表的第三产业在20世纪80年代超越第二产业成为波士华城市群的主导产业；另一方面，中心城市规模不断扩大，开始向近郊发展。区域内各个城市为了应对日益激烈的国际竞争，打破了城市间的界限，谋求区域间的错位分工与合作发展，加强了相互之间的经济联系与互补，逐步形成了波士华城市群。

（三）波士华城市群产业分工模式

波士华城市群是一个典型的多中心城市群，包括纽约、波士顿、费城、华盛顿、巴尔的摩五座核心城市，外围主要城市包括纽黑文、哈特福特、伍斯特和曼彻斯特[①]。表3-5和表3-6分别为波士华城市群五大中心城市和部分周边城市2001—2016年制造业及生产性服务业的区位商，对比表3-5和表3-6可以看出波士华城市群的产业分布变化主要呈现以下特征：

1. 中心城市生产性服务业集聚特征明显且各具特色

从表3-5可以看出，2001—2016年波士华城市群内多数中心城市制造业区位商小于1，且呈下降趋势，同时多数生产性服务业区位商大于1，这说明中心城市生产性服务业的占比明显高于全国平均水平，已经成为中心城市的支柱性产业。其中，纽约信息产业区位商均高于1.4，金融保险产业区位商均高于2，远高于其他城市，说明纽约的信息业和金融保险业具有绝对优势。纽约和伦敦、东京并称为世界三大金融中心，这里云集了纽约证券交易所、高盛、摩根士丹利等世界著名的跨国银行和全美的大银行总部。同时，纽约周围IT工作数量在全美居于第二位，一方面许多大公司在这里拥有全球第二大的分支，例如Google和Facebook；另一方面这里诸多的金融产业需要IT产业的支持。因此，信息产业在纽约快速发展。波士顿的教育和医疗产业区位商十几年来一直在1.4左右，在五大中心城市中最高。波士顿是全美重要的科技与教育中心，该城市集聚了众多的高科技

---

① 由于波士华城市群内一些城市某些行业数据缺失，因此无法计算制造业和部分生产性服务业产值的区位商。

企业和研究机构，并且波士顿拥有全美100多所高校，哈佛大学、麻省理工学院等众多著名高校云集于此。费城是美国的制造与运输中心，费城港区海岸线长80多公里，其港口集装箱的容量在全美排名第二，并且密集的铁路线和公路线与港口连接，水陆联运便捷，是波士华城市群的交通枢纽[①]。华盛顿专业及商业服务的区位商一直在1.6以上，为中心城市最高。华盛顿是美国的政治中心，联邦政府在华盛顿的公务开销约占到其财政收入的三分之二，并且白宫、国会山、五角大楼、美联储这些标志性建筑也使华盛顿成为旅游胜地，旅游业成为当地第二大支柱产业。

表3-5 2001—2016年波士华城市群五大中心城市部分行业区位商

城市	行业	2001年	2005年	2010年	2016年
纽约	制造业	D	D	D	D
	信息业	1.44	1.47	1.51	1.48
	金融保险业	2.17	2.04	2.16	2.09
	房地产及租赁	D	1.20	1.21	1.22
	专业及商业服务	1.13	D	1.12	D
	教育医疗	0.99	1.02	0.97	0.96
波士顿	制造业	0.85	0.85	0.85	0.80
	信息业	0.98	1.13	1.19	1.13
	金融保险业	1.40	1.30	1.31	1.35
	房地产及租赁	1.12	1.17	1.14	1.13
	专业及商业服务	1.42	1.39	1.40	1.41
	教育医疗	1.27	1.33	1.34	1.32
费城	制造业	1.06	0.88	D	D
	信息业	0.74	0.85	1.40	1.77
	金融保险业	1.53	1.47	1.38	1.40
	房地产及租赁	1.00	1.09	1.11	1.07
	专业及商业服务	1.09	1.17	1.16	1.11
	教育医疗	1.30	1.32	1.26	1.25

---

① 由于统计资料中无法查找到费城运输产业的产值，故无法计算运输产业的区位商。

续表

城 市	行 业	2001年	2005年	2010年	2016年
巴尔的摩	制造业	0.65	0.52	0.60	0.51
	信息业	0.63	0.59	0.67	0.57
	金融保险业	0.82	0.88	0.71	0.87
	房地产及租赁	1.05	1.09	1.10	1.03
	专业及商业服务	0.98	1.07	1.08	1.09
	教育医疗	1.30	1.29	1.24	1.23
华盛顿	制造业	D	D	D	D
	信息业	D	D	1.23	D
	金融保险业	D	0.59	D	D
	房地产及租赁	D	1.17	D	D
	专业及商业服务	1.64	1.76	1.83	1.70
	教育医疗	0.78	0.74	0.71	0.74

数据来源：美国商务部经济分析局网站（www.bea.gov）①。

2. 外围城市制造业具有产业优势

表3-6数据列示了波士华城市群部分外围城市的产业区位商。伍斯特和曼彻斯特的制造业产业优势最为明显，其中伍斯特2001—2016年制造业的区位商基本上都在1.4以上，曼彻斯特2001—2016年制造业的区位商有所下降，但仍然在1.2左右，说明这些城市的制造业一直是城市的主导产业。纽黑文和哈特福特制造业区位商虽有所下降，但与其自身相比，2001—2016年16年间下降幅度并不是很大。对比中心城市与外围城市制造业的区位商，可以明显看出在波士华城市群内部，外围城市制造业产业优势明显，且制造业作为外围城市的主导产业这种产业模式长期处于稳定状态。相对于制造业，除个别地区服务业集聚外，外围城市生产性服务业分布相对分散，说明外围城市服务业以为当地企业和居民提供便利服务为主，并未形成当地的主导型产业。其中纽黑文教育医疗产业区位商一直保持在2左右，形成这一独特优势的原因主要是其是耶鲁大学所在地，因此

---

① D表示由于美国商务部经济分析局为避免机密信息的泄露或其他原因而导致的数据不可得。

该地的教育服务业具有得天独厚的产业优势。

表 3-6　2001—2016 年波士华城市群外围城市部分行业区位商

城　市	行　业	2001 年	2005 年	2010 年	2016 年
纽黑文	制造业	1.16	1.33	0.90	0.94
	信息业	1.11	1.25	0.93	0.59
	金融保险业	0.73	0.68	0.71	0.61
	房地产及租赁	1.03	0.87	0.93	0.72
	专业及商业服务	0.86	0.83	0.85	0.98
	教育医疗	1.93	1.93	2.15	2.20
哈特福特	制造业	0.97	1.06	0.94	D
	信息业	0.58	0.80	0.93	1.04
	金融保险业	2.50	2.45	2.74	2.24
	房地产及租赁	1.05	0.99	1.02	0.82
	专业及商业服务	0.80	0.79	0.81	0.86
	教育医疗	1.09	1.08	1.08	1.13
伍斯特	制造业	1.42	1.36	1.47	1.53
	信息业	0.76	0.67	0.63	0.55
	金融保险业	0.73	0.73	0.77	0.93
	房地产及租赁	0.66	0.67	0.53	0.53
	专业及商业服务	D	D	D	0.80
	教育医疗	1.51	1.53	1.60	1.62
曼彻斯特	制造业	1.38	1.32	1.28	1.16
	信息业	1.01	1.01	1.19	1.09
	金融保险业	0.90	0.97	0.97	1.22
	房地产及租赁	1.06	1.30	1.21	1.17
	专业及商业服务	0.99	0.92	0.98	1.01
	教育医疗	1.17	1.08	1.15	1.13

数据来源：美国商务部经济分析局网站（www.bea.gov)①。

3. 城市群内产业协同效应明显

对比中心城市与外围城市的产业分布，我们可以看出波士华城市群内

---

① D 表示由于美国商务部经济分析局为避免机密信息的泄露或其他原因而导致的数据不可得。

在中心城市与外围城市之间已经形成中心城市生产性服务业集聚，外围城市的分工模式以制造业为主，且2001—2016年该种分工模式一直呈现稳定发展态势。作为典型的多中心城市群，波士华城市群不仅中心城市与外围城市之间形成了合理的产业分工，五大中心城市在发展过程中也形成了协同错位发展的分工局面。纽约作为城市群的核心中心城市，为外围城市的发展提供了巨大的金融支持，是外围城市发展的资本中心。波士顿、费城、华盛顿、巴尔的摩作为次中心城市，与纽约错位协同发展，形成了不同的城市功能。其中，费城为历史文化中心，文化、医药、航空与电子产业是其主导产业；波士顿为科技教育中心，高新科技产业和教育产业是其主导产业；华盛顿为政治中心，围绕其政治中心地位衍生出相关的服务业；巴尔的摩为老工业中心，矿产业、钢铁业和工业制造业为其核心产业。这些次中心城市功能定位明确、各具特色，产业互补性强，相互之间避免了同质化竞争，与纽约一起对整个城市群的产业发展起到了引领带动作用。

二、东京都市圈产业分工的形成过程

（一）东京都市圈概况

东京都市圈也称为首都圈、东京圈或东京城市群，为日本三大都市圈之一。对于东京都市圈的界定有狭义和广义之分：狭义的东京都市圈一般是指"一都三县"，即东京都及外围的埼玉县、千叶县和神奈川县；广义的东京都市圈指的是"一都七县"，即在"一都三县"的基础上加入山梨县、群马县、栃木县、茨城县四县。一般认为东京都市圈按照各个县与东京都的距离和经济联系，可分为三级圈层结构：中心区即东京都；中间圈层即狭义都市圈中的"三县"——埼玉县、千叶县和神奈川县；外围圈层则指的是山梨县、群马县、栃木县、茨城县。各个圈层分别承担不同的功能，东京都是日本的政治、经济、文化中心，是世界级的国际金融中心和创意产业中心；中间圈层是科教、研发、商务基地和部分高科技产业的生产基地；外围圈层则是大学与科研机构、工业生产、旅游、居住和远郊农业基地。本书对广义的东京都市圈进行研究，其总面积为 3.69 万平方公里，占日本领土总面积的 9.8%。

（二）东京都市圈发展历程

东京都市圈的发展历程可分为三个阶段，分别是都市圈形成阶段、都市圈扩张阶段和都市圈成熟发展阶段。

1. 东京都市圈形成阶段

东京最早被称为"江户"，是日本的一个小渔镇。1868 年，日本皇室从京都迁移到江户，并将江户改名为东京，从此东京成为日本的政治中心。在日本工业革命逐渐完成的过程中，大量的人力、资本、企业向东京迁移，东京由单纯的政治中心逐渐成为政治与经济的双中心，为东京都市圈的形成奠定了基础。"二战"之后，伴随着日本经济的快速复苏，日本城市重建步伐加快，农村人口开始大量涌入城市。1956 年日本政府提出"首都圈整顿方案"，1958 年制定《第一次首都圈建设规划》，主要仿照伦敦 1944 年出台的大伦敦规划，以城区外围规划的绿环带限制城市的无序扩张，形成以东京为中心，半径大约 100 公里的"首都圈"。在东京都市圈的形成阶段，一方面，东京地理位置、经济基础所形成的强大集聚能力，使其迅速成为区域的核心城市；另一方面，日本政府加大对东京都附近城市基础设施的资金投入的力度，增强了东京都与外围城市的互联互通，缩小了地区间的发展差异，从而形成了以东京为中心的圈层发展结构，东京都市圈的雏形基本形成。

2. 东京都市圈扩张阶段

20 世纪 60 年代以来，东京人口、产业进一步集聚，人口总量超过 1000 万，《第一次首都圈建设规划》中以都心 10~15km 区域为建成区的规划被打破，1965 年建成区面积已经达到 493 平方公里。在此背景下，1968 年，日本政府制定《第二次首都圈建设规划》，该规划不再采取以绿带限制东京城市扩张的模式，而是采取在近郊预留空地，同时在空地中保留足够绿地的方法。同时提出将东京都市圈的范围从"一都三县"扩展到"一都七县"。在城市规划中，强调东京作为全国经济高速增长枢纽的地位，并通过高速公路与轨道交通的建设，有效连接了都市圈范围内的主要城市。东京都制造业开始向外围城市迁移，城市间的分工合作与经济联系逐渐增强，同时在都市圈内部出现多个增长点，东京都市圈进入全面扩张阶段。在东京都市圈全面扩张阶段，人口和产业在东京的集聚程度增加，整个都市圈呈现单中心发展模式，东京"一极集中"的格局非常显著。

3. 东京都市圈成熟发展阶段

"一极集中"的发展格局使得东京都市圈发展不平衡的问题日益突出，为了解决这一问题，1974年，日本成立国土综合开发厅，强调国土均衡开发原则。1976年的《第三次首都圈建设规划》以及1986年的《第四次首都圈建设规划》均是把推动东京都市圈从"一极集中"模式转为"多心多核"模式作为规划重点，将东京的部分功能分散到各个核心城市，疏解东京人口和就业压力。《第三次首都圈建设规划》中提出培育优化核心区，增强外围地区教育文化功能，形成多级结构的城市复合体。《第四次首都圈建设规划》进一步强调东京的国际金融中心和中枢管理功能，正式提出建设区域副中心以分担东京部分政务功能和相关产业功能，增强不同等级城市之间的社会经济联系。20世纪90年代以来，世界经济和社会环境发生巨大变革，全球互联网迅速普及、信息技术全面推广，日本社会也面临老龄化问题加剧和经济发展缺乏活力的问题，东京都市圈的可持续发展面临挑战。1999年《第五次首都圈建设规划》提出建立"分散的网络结构"，这种城市空间模式不同于以前中心城市与外围城市所形成的放射状格局，通过交通和通信基础设施的全局域改造，培育节点城市，增加东京外围业务核心城市的数量，对都市圈不同城市进行职能重组，形成区域间的网络化结构。

（三）东京都市圈产业分工模式

图 3-1、图 3-2 和图 3-3 为东京都市圈各区域 2006—2015 年三次产业结构变化图，从图中可以明显地看出东京都市圈分为三个圈层：东京都为核心圈层；神奈川县、埼玉县、千叶县为中间圈层；茨城县、栃木县、群

马县、山梨县为外围圈层。

1. 中心城市东京都在都市圈中第三产业占比最高、第二产业和第一产业占比最低

2006—2015年，东京都第三产业占比一直处于绝对领先水平，第二产业占比有轻度下降，第三产业占比部分年份稍有下降，但变化幅度不大。从表3-7各细分产业的区位商可以看出东京都金融保险业、批发零售业、情报通信业和信息产业的区位商均高于1，且金融保险业、情报通信业和信息产业的区位商在2006—2015年十年间呈上升趋势，制造业的区位商一直维持在0.5左右，为都市圈内最低，且呈下降趋势。说明东京都市圈的商贸、金融保险、信息产业高度集中于东京都，并呈现集聚更强的趋势，东京都作为都市圈的核心城市，是高端生产性服务业的集聚地。

2. 中间圈层产业结构和产业变化趋势大致相同

从图3-1、图3-2、图3-3可以看出，在2006—2015年，神奈川县、埼玉县、千叶县第一产业、第二产业和第三产业占比均位于第二方阵。第一产业占比很低，呈下降趋势；第二产业占比均在25%左右，第二产业占比下降之后从2013年又开始小幅上升；第三产业占比均在70%左右，波动变化幅度较小。表3-7显示，三县制造业的区位商均高于1，但呈下降趋势，说明制造业在三县具有一定优势，但有向都市圈外围区域转移的态势。生产性服务业中，三县的不动产业区位商为都市圈内最高，主要是因为这三个县的地理位置均靠近中心城市东京都，伴随着交通条件的改善和区域规划的引导，东京都高密度的就业人口逐渐选择居住在外围城市，因此三县的房地产业发展较快。神奈川和千叶由于拥有良好的港口条件，因此两县运输快递业的专业化水平较高，区位商均高于1，尤其是千叶县的运输快递业区位商一直在1.4以上。三县的公共服务和教育行业的区位商均高于1，说明中心城市的教育和公共服务功能已经部分转移到中间圈层。

3. 外围圈层产业结构及产业集聚变化态势也呈现出较为一致的趋势

由图3-1、图3-2、图3-3可以看出，茨城县、栃木县、群马县、山梨县四县的第一产业和第二产业占比为都市圈内最高，第三产业占比相对较低，且第二产业占比有所上升而第三产业占比有所下降。表3-8显示外

围圈层的四县制造业均呈现增强特征，制造业区位商为圈内最高，尤其是栃木县和群马县的制造业区位商达到了2以上，生产性服务业中，除教育业外，四县生产性服务业的区位商基本上在1以下。对比核心圈层和中间圈层，可以明显看出这四县是东京都市圈制造业的主体区域。

对比各圈层的产业分布，可以看出东京都市圈内部产业圈层结构明显。中心城市集聚了土地价格弹性较低的产业类型，中间圈层和外围圈层则依据与中心城市的地理距离和各自的资源禀赋差异在产业类型上形成了各具特色、错位发展的模式。

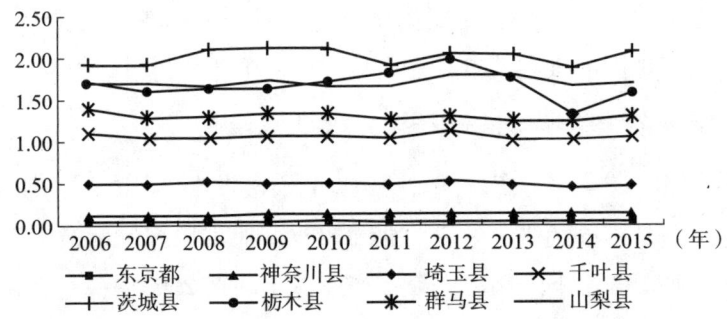

图3-1　东京都市圈各区域2006—2015年第一产业占比（%）

数据来源：日本内阁府（www.esri.cao.go.jp）。

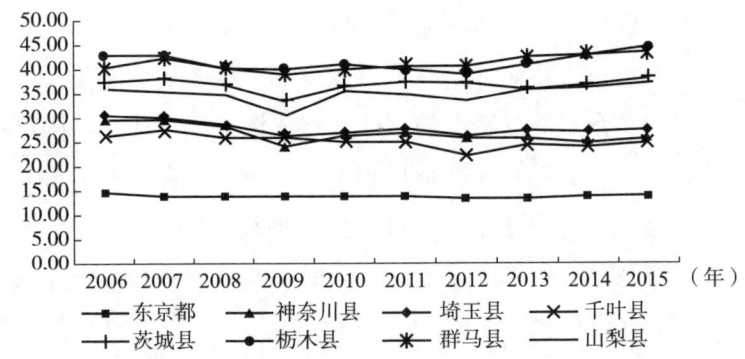

图3-2　东京都市圈各区域2006—2015年第二产业占比（%）

数据来源：日本内阁府（www.esri.cao.go.jp）。

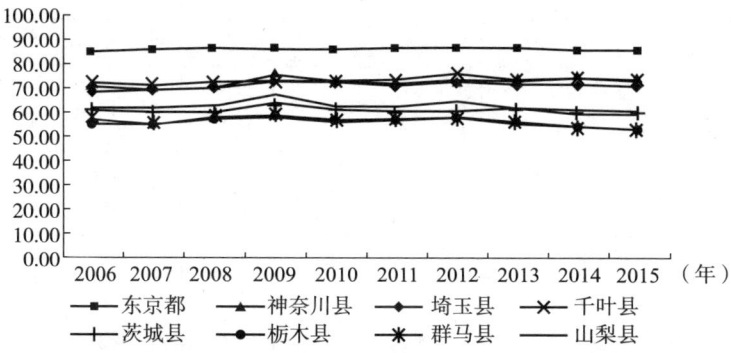

图 3-3　东京都市圈各区域 2006—2015 年第三产业占比（%）

数据来源：日本内阁府（www.esri.cao.go.jp）。

表 3-7　东京都市圈核心和中间圈层部分产业区位商

城市	行业	2006 年	2009 年	2012 年	2015 年
东京都	制造业	0.53	0.54	0.52	0.50
	批发零售业	1.44	1.40	1.41	1.40
	运输快递业	0.94	0.97	0.95	0.98
	酒店餐饮服务业	0.87	0.95	1.00	0.99
	情报通信业	1.51	1.47	1.48	1.52
	金融保险业	1.44	1.46	1.44	1.46
	不动产业	0.85	0.85	0.86	0.89
	信息产业	1.19	1.20	1.22	1.25
	公共服务业	0.91	0.92	0.88	0.91
	教育业	0.83	0.85	0.86	0.91
神奈川县	制造业	1.35	1.18	1.31	1.22
	批发零售业	0.56	0.64	0.61	0.64
	运输快递业	1.09	1.05	1.13	1.11
	酒店餐饮服务业	1.22	1.17	1.08	1.12
	情报通信业	0.76	0.84	0.82	0.83
	金融保险业	0.57	0.55	0.57	0.56
	不动产业	1.29	1.31	1.28	1.28
	信息产业	0.96	0.93	0.88	0.89
	公共服务业	1.14	1.12	1.11	1.11
	教育业	1.03	1.01	1.00	0.97

续表

城市	行业	2006年	2009年	2012年	2015年
埼玉县	制造业	1.35	1.30	1.26	1.27
	批发零售业	0.62	0.67	0.70	0.74
	运输快递业	0.98	1.02	1.00	0.94
	酒店餐饮服务业	1.00	0.94	0.90	0.86
	情报通信业	0.39	0.41	0.40	0.38
	金融保险业	0.63	0.63	0.65	0.66
	不动产业	1.37	1.34	1.33	1.33
	信息产业	0.67	0.65	0.67	0.66
	公共服务业	1.18	1.22	1.26	1.25
	教育业	1.21	1.20	1.19	1.14
千叶县	制造业	1.13	1.29	1.05	1.10
	批发零售业	0.56	0.54	0.56	0.56
	运输快递业	1.53	1.40	1.43	1.44
	酒店餐饮服务业	1.21	1.06	1.11	1.09
	情报通信业	0.43	0.45	0.48	0.44
	金融保险业	0.59	0.56	0.61	0.61
	不动产业	1.20	1.22	1.25	1.19
	信息产业	0.65	0.65	0.68	0.63
	公共服务业	1.07	1.06	1.18	1.11
	教育业	1.27	1.17	1.22	1.16

数据来源：日本内阁府（www.esri.cao.go.jp）。

表3-8 东京都市圈外围圈层部分产业区位商

城市	行业	2006年	2009年	2012年	2015年
茨城县	制造业	1.74	1.79	1.93	1.90
	批发零售业	0.50	0.56	0.52	0.53
	运输快递业	0.88	0.89	0.88	0.86
	酒店餐饮服务业	0.97	0.87	0.81	0.82
	情报通信业	0.34	0.42	0.36	0.33
	金融保险业	0.46	0.45	0.44	0.46
	不动产业	0.77	0.75	0.71	0.71

续表

城市	行业	2006年	2009年	2012年	2015年
茨城县	信息产业	1.32	1.32	1.24	1.17
	公共服务业	1.05	1.01	1.04	0.98
	教育业	1.13	1.11	1.04	0.98
栃木县	制造业	2.05	2.14	2.14	2.32
	批发零售业	0.55	0.59	0.59	0.58
	运输快递业	0.68	0.71	0.75	0.65
	酒店餐饮服务业	1.04	1.00	0.98	0.97
	情报通信业	0.31	0.33	0.33	0.29
	金融保险业	0.51	0.50	0.54	0.51
	不动产业	0.77	0.77	0.76	0.70
	信息产业	0.68	0.67	0.64	0.61
	公共服务业	0.91	0.91	0.96	0.86
	教育业	1.23	1.25	1.22	1.10
群马县	制造业	1.89	2.07	2.17	2.25
	批发零售业	0.63	0.62	0.60	0.60
	运输快递业	0.72	0.71	0.67	0.60
	酒店餐饮服务业	1.06	0.95	0.91	0.93
	情报通信业	0.35	0.37	0.37	0.31
	金融保险业	0.57	0.55	0.54	0.50
	不动产业	0.83	0.80	0.77	0.71
	信息产业	0.42	0.54	0.57	0.55
	公共服务业	0.91	0.87	0.91	0.84
	教育业	1.23	1.25	1.25	1.18
山梨县	制造业	1.58	1.48	1.60	1.58
	批发零售业	0.53	0.61	0.53	0.53
	运输快递业	0.78	0.78	0.78	0.78
	酒店餐饮服务业	1.47	1.46	1.31	1.47
	情报通信业	0.40	0.43	0.42	0.40
	金融保险业	0.57	0.58	0.59	0.57
	不动产业	1.07	1.11	1.09	1.07
	信息产业	0.58	0.53	0.49	0.58

续表

城市	行业	2006年	2009年	2012年	2015年
山梨县	公共服务业	1.06	1.09	1.17	1.06
	教育业	1.33	1.44	1.46	1.33

数据来源：日本内阁府（www.esri.cao.go.jp）。

三、国外城市群产业分工形成过程的启示

（一）城市群内产业分工的演变具有一定规律性

根据波士华城市群和东京都市圈内产业的演化和发展过程，可以总结出城市群内的产业分工演化模式：发展初期以工业为主导，后期逐渐以知识密集型的生产性服务业为主导，纽约和东京均经历了第一、第二产业比例不断下降，第三产业比例不断上升的发展过程。总体上表现出产业结构不断优化的趋势。

（二）互补协作的分工模式推动整个区域的共同发展

波士华城市群与东京都市圈均呈明显的圈层结构，中心城市以生产性服务业为主，外围城市制造业占比明显高于中心城市，并且外围城市之间依据各自的资源禀赋特点，形成特色产业，整个城市群形成了合理的产业分工协作模式。例如波士华城市群，以纽约为中心，以费城、波士顿、华盛顿、巴尔的摩为次中心，外围区域为中小城市，规模大小不同、功能定位差异化的不同城市在城市群内依据各自的绝对优势和相对优势形成了互补的经济发展方式。纽约是金融、贸易中心，波士顿的微电子工业突出，费城的重化工业发达，巴尔的摩的有色金属冶炼工业占有重要地位，这些城市以及外围城市互补协作、联系紧密，所形成的综合性整体功能远远大于单个城市功能的简单叠加。

（三）金融、专项管理服务等第三产业在中心城市集聚

城市经济发展的规律显示：当城市的经济发展到一定阶段后，必然会导致产业结构发生变化。随着城市化的进程和郊区化的发展，核心城市高度集聚的内容发生改变，以制造业为主的工业逐渐地从东京、纽约等核心

区域向外围区域转移，生产功能出现弱化的趋势。中心城市由工业经济中心逐渐过渡到服务业经济中心，服务业成为中心城市的支柱产业。纽约和东京的金融等服务业在核心区域所占的比重越来越大，出现了强化的趋势，具有强大的国际竞争力。作为世界的金融中心，纽约和东京为波士华城市群和东京都市圈的发展提供了丰富的资本和信息，显然，波士华城市群和东京都市圈的发展均离不开其中心城市强大的金融辐射功能。

第三节　城市群内产业分工模式分析

城市群是由不同城市组成的城市体系，城市群的空间结构演变与产业间分工密切相连，产业分工模式推动城市群空间结构演变，城市群空间结构反过来也对不同城市间的分工模式产生影响。根据核心城市的规模和功能不同，城市群的空间结构主要有单中心与多中心两种类型，不同空间结构下也形成不同的城市群内产业分工模式。

一、城市群空间结构演变的一般模式

城市群空间结构是伴随着工业化和城镇化发展的过程而演化的，在不同的发展阶段，其空间结构具有不同的特征。在城市群发展初期，城市规模较小，城市群主要是单中心的空间结构，即以一个特大城市为核心，外围分布若干个中等城市和小城市。这些城市紧密联系，主次分明，核心城市的主导地位突出。随着城市经济的发展，一个或多个具有资源禀赋或区位优势的城市在长期的资本积累和外部刺激下实现经济的飞速发展，新的集聚中心开始出现并逐渐发展成为次级核心城市。城市群空间结构向多中心转变，多个城市共同担当核心城市的职能，其他城市围绕多个核心城市形成复杂的空间网络。

对于单中心与多中心城市群的经济绩效是否存在差异性，学者们的观点不尽相同，但按照城市群的成长过程，一般分为两种观点。第一种观点认为单中心的空间结构更有利于提高经济绩效。单中心比多中心的集聚效

应更强,更紧凑、更集中的空间结构更有助于生产率的提高(Bailey et al.,2001;Cervero,2001;杨青山等,2011;张浩然等,2012);而多中心的空间结构往往带来较高的交通成本和较低的通勤效率,不利于知识和信息的传播。该种观点主要形成于中心城市处于集聚发展阶段时期。第二种观点认为多中心的空间结构有利于避免单中心高度集聚的负向影响,更有利于城市群整体经济绩效的提升。随着城市群的快速发展,中心城市由集聚不足转化为过度集聚,集聚不经济因素显现,如交通拥堵、环境污染、较高的土地和劳动力成本等,从单中心结构向多中心结构转化被视为疏解"大城市病"、降低集聚不经济的有效途径。Anas A 等(1998)的研究显示,单中心的空间结构向多中心的空间结构转化,有利于持续获取集聚经济效益,从而长期支撑区域规模扩张和经济增长。在降低集聚不经济的同时,多中心的空间结构还能够提供可持续的空间发展和空间公平(Eraydin A,2008),从而提高各个城市在区域中的地位,有利于进行更平等的合作。总体看来,现有文献大多认同多中心的空间结构不仅更有利于区域间的城市互动和共享集聚经济福利,而且还能有效规避单中心空间发展模式带来的拥挤效应和集聚不经济。

二、城市群内产业分工的表现形式

(一)城市群内产业分工的一般表现形式

一个企业的价值链通常包含材料供应、产品开发、生产运行、成品储运、市场营销和售后服务等各个环节。基于通信和交通技术的快速发展,每一个环节都可以选择在不同的地区进行。正如前文所分析的,无论是以长三角为代表性的国内城市群,还是以波士华城市群与东京都市圈为代表的国外城市群,目前均呈明显的圈层结构。中心城市以生产性服务业为主,外围城市制造业占比明显高于中心城市,并且外围城市之间依据各自的资源禀赋特点,形成特色产业,整个城市群形成了产业分工协作模式。魏后凯(2007)探讨了这种新型产业分工模式,分别以"哑铃型""菱型"和"棒型"结构来表示不同区域的分工特点,如图3-4所示。大都市中心区着重发展总部、研发、设计、培训及营销、批发零售、商标广告管理、品牌、技术服务等生产性服务业环节，以及小部分技术含量较高或与城市生活密切相关的加工制造、组装和零部件，从而形成两头粗、中间细的"哑铃型"结构。大都市郊区和大中城市侧重发展高新技术产业和先进制造业，形成中间大、两头小的"菱型"结构。外围其他城市和小城镇则专门发展一般制造业和零部件加工业，形成中间粗、两头细的"棒型"结构。

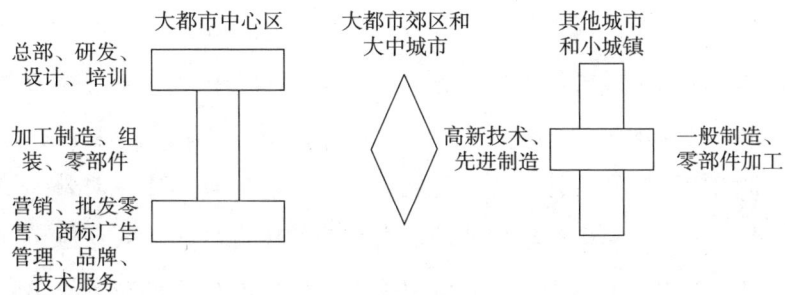

图 3-4　城市群内产业分工体系

资料来源：魏后凯. 大都市区新型产业分工与冲突管理——基于产业链分工的视角 [J]. 中国工业经济，2007（2）.

借鉴已有研究，本书认为城市群内产业分工的总体表现为：第一，生产性服务业主要在中心城市集聚，制造业分布在外围城市。中心城市和外围城市承担不同的功能和产业，中心城市更多地承担研发设计、管理、咨询等服务功能，外围城市则主要发挥生产功能。第二，中心城市是城市群经济发展的核心地带，生产性服务业在这一区域的集聚形成城市群的主导产业。其他产业以及主导产业的某些价值链环节因为成本因素先后转移出中心城市，产业和价值链环节的转移，一方面为中心城市生产性服务业的发展腾挪出更多发展空间，使中心城市的产业结构更符合当地的要素结构，实现产业的升级；另一方面这些转移出来的产业和价值链环节与中心城市的生产性服务业具有紧密联系，增强了城市间的经济联系。第三，从空间分布上，依照与中心城市的关联紧密度形成不同的产业圈层结构。不同圈层定位不同产业，这种产业定位既可以促进中心和不同层级城市的产业自身发展，也可以促进产业结构的优化，使城市群内部的产业分工更加合理。最终，通过强化大中小城市产业的协作协同，逐步形成横向错位发展，纵向分工协作的发展格局。

按照中心城市数量的不同，城市群可以分为单中心城市群和多中心城市群，不同空间结构城市群内的产业分工也存在一定差异性。

（二）单中心城市群内产业分工的表现形式

单中心城市群最主要的特点是以一个特大城市为核心，核心城市的主导地位突出，如英国的伦敦城市群及我国的中原城市群和关中城市群，分别以伦敦、郑州、西安作为核心城市。从理论上分析，单中心城市群的中心城市应主要发挥生产性服务功能，外围城市发挥生产制造功能。中心城市的产业结构以研发设计、总部管理等生产性服务业为主，对外围城市具有辐射带动作用。与中心城市地理距离较近的中等城市主要在城市群中发挥生产制造功能，但由于与中心城市临近，受中心城市的技术溢出效应影响明显，产业结构以高技术、高附加值等制造业为主。与中心城市地理距离相对较远的小城市在城市群中也主要承担生产制造功能，但产业的技术水平与中等城市存在一定差异，产业结构以低技术、低附加值和劳动密集型制造业为主。单中心城市群结构往往形成于城市群的发展初期，与之相对应，城市群内产业分工的形成也处于起步阶段。以中原城市群为例，郑州作为中心城市，2016年第三产业比重才首次超过50%，之前的年份第二产业比重一直高于第三产业比重，中心城市的首位度也相对较低，多数研究认为目前郑州作为中心城市的集聚作用要强于扩散作用。[①]

（三）多中心城市群内产业分工的表现形式

世界城市群的发展历史表明，单中心集聚到一定程度后，拥挤效应会促使单中心向多中心结构转变，以获取更大范围的集聚经济效应。相对于单中心城市群，多中心城市群的城市网络更为复杂，城市群规模更为庞大。在城市群内存在一个中心城市和多个次级中心城市，中心城市对全区

---

① 数据来源于《河南统计年鉴》。

域具有较大的辐射影响力，次级中心城市有自己相对独立的影响范围。以城市为节点，以交通为纽带，通过发挥中心城市及次级中心城市对外围城市的带动作用，从而形成一个多层次、开放式的地域空间结构。多中心城市群的产业分工更加复杂。首先，中心城市与外围城市之间主要表现为生产性服务业和制造业之间的分工，中心城市以及次级中心城市以生产性服务业为主，并保留部分高技术制造业；外围城市以制造业为主，根据与中心城市的地理距离及经济联系形成与之相配套发展的制造业基地和一般生产及转配基地。其次，中心城市之间根据各自的比较优势发展不同的生产性服务业，更加专注于某一项生产性服务业，在生产性服务业内部进行分工。最后，外围城市在中心城市及次级中心城市的辐射带动下，形成各自的具有地方特色，且具有差异化的制造业，专业化程度不断提高。最终整个城市群内部形成一个相对完整、分工明确、协同发展的产业分工体系。因此，由单中心城市群向多中心城市群的转化过程是一个集聚、分散、再集聚的过程。在这个过程中各个城市的专业化程度、经济联系强度、协同发展程度都处于不断发展提高的过程中。

第四节　本章小结

城市群内产业分工是一个动态演变过程，本章首先以我国分工发展相对成熟的长三角城市群为例，对国内城市群内产业分工的变化过程进行分析；其次以美国波士华城市群和日本东京都市圈为例，对国外城市群内产业分工形成过程进行介绍；最后借鉴已有研究对城市群内产业分工模式进行探讨。

第四章

城市群内产业分工形成机理及其对区域差异的影响机理

通过对城市群内产业分工形成过程的分析以及分工模式的探讨，我们对"服务业向中心城市集中，制造业向外围城市扩散"的城市群内产业分工模式有了较为全面的认识，那么推动其形成的原因究竟是什么？本章将对推动其形成的因素进行分析。同时城市群内产业分工与区域差异具有密切的关系，对于城市群内产业分工与区域差异的问题，分工可以视为原因，区域差异可以视为结果。分工通过何种机理对区域差异产生影响，以及对不同空间层次的区域差异的影响是否相同都需要进一步研究。本章首先通过模型构建和理论分析对城市群内产业分工形成机理进行描述；其次从两地区出发，探讨不同类型产业在不同地区集聚为何会造成两地间的发展差距，以及城市群内产业分工与不同空间层次区域差异之间的关系，从而为后续的实证研究奠定理论基础。

第一节 城市群内产业分工形成机理分析

城市群内产业分工的主体是企业，相同类型企业的迁移和在同一地区的集聚形成了产业在不同地区的集聚，因此企业行为的驱动力也是产业转移和分工形成的驱动力，企业为了追求自身利益最大化，必然在利润最大化的前提下根据不同地区的经济地理条件选择生产空间。本节首先对分工理论进行回顾，然后在新经济地理学视角下，借鉴黄宾（2018）的分析思路，从微观企业出发，通过构建两地区模型，分析相对比较成本和"冰山成本"对制造业企业生产空间选择的影响，并在此基础上对不能纳入理论模型的其他形成因素进行分析，从而较为全面地厘清城市群内产业分工的形成机理。

一、城市群内产业分工形成的理论基础

(一) 古典经济学分工理论

1. 亚当·斯密的分工理论

亚当·斯密（1776）之前的许多学者均对社会分工的问题进行过论述，亚当·斯密关于分工的论述之所以具有代表性，主要是亚当·斯密把分工作为经济进步的唯一因素。其关于分工的观点主要体现在《国富论》的前三章，主要观点可以概括为：分工可以提高劳动者的生产效率，进而增加社会财富；分工产生的主要原因是人性中物品交易的倾向，并且由于分工使得人与人之间的才能差异变得有用；分工受市场范围的限制，而市场范围的大小与区位条件和运输成本有关。亚当·斯密（1776）将分工的思想与国际贸易理论相结合，最早提出绝对成本思想，认为两地区禀赋差异导致地域分工，地域分工形成两地区生产专业化和地区贸易，但绝对优势理论无法解释一个所有部门都存在成本劣势的国家的分工问题。

阿伦·杨格1928年发表在《经济学》杂志上的《递增报酬与经济进步》一文，被认为是亚当·斯密之后关于分工与专业化最重要的文献。他认为不但分工水平依赖市场容量，反过来市场是由所有人是否参加分工的决策决定的，所以它又由分工水平决定，即"分工一般地取决于分工"，后被称为"杨格定理"。

2. 比较优势理论

大卫·李嘉图（1817）的比较优势理论告诉人们，即使一个地区在两种产品的生产上均较之另一个地区便宜，或者说有绝对成本优势，也一定存在相对成本差异，于是两个地区分别专业化生产自己具有比较优势的产品进行贸易交换。该理论不仅论证了国际贸易的基础及其对经济发展的作用，而且在实践上也较好地解释了广泛存在于发达国家和发展中国家之间的贸易。相对于亚当·斯密的绝对优势原理，李嘉图的比较优势理论是一种理论上的进步，它的最大贡献在于为自由贸易提供了理论依据，并从劳动生产率的角度来解释国际贸易发生的原因，目前仍是许多国家制定国际

贸易战略的依据。比较优势理论的缺陷在于不能解释不同国家之间为何会存在机会成本的差异，并且采用的是静态分析方法。

（二）新古典经济学分工理论

赫克歇尔（1919）和俄林（1933）从一系列基本假设出发，在比较优势理论的基础上，进一步提出了要素禀赋理论，简称H-O理论。该理论把区际分工、区际贸易和生产要素禀赋紧密联系起来，认为区际分工及贸易产生的主要原因是区域生产要素相对富裕程度的差异，并由此决定了产业的生产要素相对价格和劳动生产率。H-O理论认为各国间要素禀赋的相对差异以及生产各种商品时利用这些要素的强度的差异是国际贸易的基础。

依照要素禀赋论，当一个国家拥有较多资本，而劳动力昂贵时，应该出口资本密集型产品而进口劳动密集型产品。Leontief（1951）使用该理论验证美国对外贸易商品结构时却得出与事实相反的结论，被称为"里昂惕夫之谜"。"二战"之后，国际贸易多出现在同一产业内的同类产品之间，并不是要素禀赋差异较大的国家之间，这些事实都说明要素禀赋论具有一定的局限性。

在要素禀赋理论之后，美国经济学家雷蒙德·弗农在1966年提出了产品周期理论，进一步拓展了比较优势和要素禀赋的范畴。弗农特别强调技术在国际贸易中的作用，侧重于从技术进步、技术创新、技术传播的角度来分析国际分工的基础，并且对于产业的跨区域分布和转移做出了解释。

（三）新经济地理学分工理论

经济学理论一般都忽视空间问题，不考虑运费的影响，且传统的均衡分析均是在规模报酬不变和完全竞争的假设前提下进行的。但伴随着世界经济的全球化以及知识信息的共享性和外溢性日益增强，主流经济学在解释现实问题中遇到越来越多的困难。以克鲁格曼（1991）为代表的经济学家在梳理前人理论的基础上，以全新的视角重新审视空间因素，以边际报酬递增取代边际报酬递减，以垄断竞争取代完全竞争，将区域经济学、城市经济学乃至国际贸易等传统学科统一起来，开创了"新经济地理学"。

克鲁格曼（1991）建立了两部门的"中心—外围"模型。该模型假设只有生产单一产品、同质产品、完全竞争的农业和生产大量差异产品、垄断竞争、具有收益递增特性的制造业，当运输成本足够低、制造业的差异产品种类足够多、制造业份额足够大，这三个条件同时成立时，制造业"中心"和农业"外围"格局就会形成。该模型考虑集聚因素中的前后向联系（忽略劳动力共享和知识溢出），展示外部条件原本相同的两个地区如何在收益递增、人口流动和运输成本交互作用下演变成为完全不一样的生产结构。

经济活动的空间集聚是新经济地理学的一个主要研究方面，报酬递增、空间集聚和路径依赖则是经济活动空间集聚的核心内容。首先是报酬递增。克鲁格曼把报酬递增和空间地理位置联系起来，认为报酬递增本质上是一个区域或地方现象，是经济上互相联系的产业或经济活动由于地理位置临近和规模经济带来的成本节约。其次是空间集聚。空间集聚与报酬递增密切相连，主要指由于报酬递增而使产业或经济活动在某一区域集中的现象。新经济地理学对产业为何在某些区域集聚进行讨论，试图阐明现实有规则的经济空间形成的内在机理。最后是路径依赖。多数新经济地理学家认为产业或经济活动的空间集聚存在路径依赖，是由历史偶然因素形成的集聚通过报酬递增得到进一步强化，从而形成路径依赖。

（四）古典区位论

古典区位论主要采用新古典经济学的静态局部均衡分析方法，以完全竞争市场结构下的价格理论为基础来研究单个厂商的最优区位决策，古典区位论的区位选择标准为成本最小。

杜能1826年出版的《孤立国同农业和国民经济之关系》一书中系统阐述了农业区位论的思想。杜能从假设的孤立国出发，探讨了农业如何分布才能使单位面积获得的利润达到最大。依据农产品生产特性的差异和距离远近导致的运费差异，提出"杜能圈"，即农业应由里到外形成同心圆的结构，依次为自由式农业、林业、轮作式农业、谷草式农业、三圃式农业、畜牧业。

韦伯（1909，1914）先后发表两本专著探讨了工业企业的区位选择问题，韦伯工业区位论的核心思想是区位因子决定生产场所，企业总是选择生产费用最低、节约费用最大的地点。该理论依次探讨了三种一般区位因子：运输费用、劳动费用、集聚和分散的影响作用，分别为运输费用指向论、劳动费用指向论、集聚指向论。

克里斯塔勒（1933）、廖什（1940）分别提出中心地理论，论述一定区域内城镇等级、规模、职能之间的关系及其空间结构的规律性，并用六边形图式对城镇等级与规模关系加以概括。

二、城市群内产业分工形成的微观理论模型

（一）模型构建

1. 基本假设

第一，两个区域。假设城市群内只有两个城市，一个为中心城市 N，一个是外围城市 S。在初始阶段，两个城市均具有一定规模的制造业，两地制造企业总数为 n，并且各企业均生产不同的产品，中心城市制造业总数为 θn，外围城市制造业总数为 $(1-\theta)n$。

第二，两种产品。假设经济体中只有农产品 A 和制造业产品 M。农产品无差异，在两地间无运输成本，而制造业产品在区域内没有运输成本，跨区域运输则需要运输成本。借鉴冰山成本理论，1 单位的制造业产品跨区域运输时，只有 $1/\tau$ 单位的产品到达销售地，$\tau \geq 1$。

第三，两种生产要素。假设劳动力是唯一的投入要素，但每个企业的劳动力分为管理部门人员和技术工人。其中，N 地和 S 地两地的管理部门人员不可跨区域流动，技术工人可跨区域流动，两地管理部门人员工资率相同，均为 w^h。但两地技术工人的工资不同，中心城市 N 技术工人的工资为 w_N，外围城市 S 技术工人的工资为 w_S，且 $w_N > w_S$。并假设两地管理人员人数相同，均为 f，开始时，两城市技术工人总收入相同，均为 $L/2$。

2. 消费者行为

消费者的效用函数为：

$$U = M^\mu A^{1-\mu} \quad 0 < \mu < 1 \tag{4.1}$$

其中，A 表示对农产品的消费，M 表示对制造业产品的消费，其效用函数为 CES 函数形式：

$$M = \left[\int_0^n q(i)^\sigma di\right]^{\frac{1}{\sigma}} \quad 0 < \sigma < 1 \qquad (4.2)$$

其中，$q(i)$ 表示消费者对第 i 类制造业产品的消费，σ 为衡量对制造业产品偏好程度的参数，σ 越小，即越接近于 0，说明消费者认为两种制造业产品之间的差异性越大，同时具有较强的消费欲望；σ 越大，即越接近于 1，说明消费者认为两种制造业产品的差异性越小，甚至是可以相互替代的。

令消费者对制造业产品的效用函数 M 为目标函数，目标是使子效用最大化。假设消费者收入为 Y，消费者用于制造业产品的消费金额为 μY，n 表示消费者可获得的产品种类的数量，则消费者对制造业产品消费最大效用函数的表达式为：

$$\text{Max } M = \left[\int_0^n q(i)^\sigma di\right]^{\frac{1}{\sigma}}$$

$$\text{s. t. } \int_0^n p(i)q(i)di = \mu Y \qquad (4.3)$$

建立拉格朗日函数，对式（4.3）进行求解，并令 $\rho = 1/(1-\sigma)$，则 ρ 代表任意两种制造业产品之间的替代弹性，可得出 $q(i)$ 的表达式为：

$$q(i) = \frac{\mu Y p(i)^{-\rho}}{\left[\int_0^n p(i)^{1-\rho} di\right]^{1/(1-\rho)}} \qquad (4.4)$$

由式（4.4）可得出消费者对制造业产品的总支出为：

$$\int_0^n p(i)q(i)di = \int_0^n \frac{\mu Y p(i)^{1-\rho}}{\left[\int_0^n p(i)^{1-\rho} di\right]^{1/(1-\rho)}} di = \left[\int_0^n p(i)^{1-\rho} di\right]^{1/(1-\rho)} \mu Y$$

$$(4.5)$$

由式（4.5）可得出制造业产品的价格指数为：

$$L = \left[\int_0^n p(i)^{1-\rho} di\right]^{1/(1-\rho)} \qquad (4.6)$$

将式（4.6）代入式（4.4），则式（4.4）可以改写为：

$$q(i) = \mu Y p(i)^{-\rho} L^{\rho-1} \quad (4.7)$$

式（4.7）说明制造业产品的消费量与制造业产品的消费份额 μY 正相关，与商品的价格 $p(i)$ 负相关，与价格指数正相关，即当商品价格指数较高时，该商品的相对价格会降低，消费量会相对增加。

3. 生产者行为

生产企业的成本由两部分构成，分别是管理人员的工资及技术工人的工资。由于管理人员不可流动而技术工人可以流动，这两部分成本分别相当于企业的固定成本和变动成本，同时技术人员工资也代表两地相对比较成本的差异。k 城市中任一企业 i 的成本函数为（k 可代表城市 N，也可代表城市 S，本书先推导出一般的表达式，再分别对中心和外围城市进行分析）：

$$C_k(i) = w^h f + w_k q(i) \quad (4.8)$$

城市的总收入由两部分构成，分别是管理人员收入和技术工人收入，根据前文假设，可表示为：

$$Y_k = n_k f w^h + L/2 \quad (4.9)$$

企业的制造业产品生产量与消费量正相关，假设两者的相关系数为 1，即消费者在效用最大条件下的消费量即为生产者的产量。消费者消费的制造业产品既包括本地生产的制造业产品也包括跨区域销售的制造业产品，根据前文的假设，1 单位的制造业产品跨区域运输时，只有 $1/\tau$ 单位的产品到达销售地，$\tau \geq 1$，即 $(1-1/\tau)$ 为交易费用。依照此逻辑，N 地的产品在本地的销售价格为 $p(i)$，则在 S 地的销售价格为 $p(i)\tau$。则根据式（4.7），当消费者消费的产品为两地时，对应的消费数量的表达式为：

$$q_k(i) = \mu Y_k p_k(i)^{-\rho} L_k^{\rho-1} + \mu Y_r [p_k(i)\tau]^{-\rho} L_r^{\rho-1} \tau \quad (4.10)$$

式（4.10）中 r 表示与 k 对应的另一座城市，即城市 k 中 i 企业生产的产品分别由 k 及 r 两座城市的消费者消费，但经过跨区域运输，异地的销售价格要高于本地。则城市 k 中第 i 个企业的利润可以表示为：

$$\pi_k(i) = p_k(i) q_k(i) - C_k(i) \quad (4.11)$$

将式（4.8）代入式（4.11），得到

$$\pi_k(i) = p_k(i) q_k(i) - w^h f - w_k q(i) \quad (4.12)$$

再将式（4.10）代入，求出企业利润最大化时的产品价格为：

$$p_k^* = \frac{\rho}{\rho-1}w_k \qquad (4.13)$$

由式（4.13）可以看出，利润最大化时产品的定价与以技术工人工资为代表的变动成本直接相关。将式（4.10）和式（4.13）代入式（4.12），可以得出企业利润的表达式为：

$$\pi_k(i) = \mu\rho^{-\rho}(\rho-1)^{\rho-1}w_k^{1-\rho}(Y_k L_k^{\rho-1} + Y_r L_r^{\rho-1}\tau^{1-\rho}) - w^h f \qquad (4.14)$$

由式（4.14）可以看出，企业的利润与本地制造业产品的价格指数和异地制造业产品的价格指数均密切相关，因此，需要进一步计算本地制造业产品的价格指数。根据式（4.6），当本地制造业产品由本地产品和异地产品共同构成时，产品价格指数应变更为：

$$L_k = \left\{\int_0^{n_k} p_k(i)^{1-\rho}di + \int_0^{n_r}[p_r(i)\tau]^{1-\rho}di\right\}^{1/(1-\rho)} \qquad (4.15)$$

对式（4.15）求解，得出 k 地制造业产品的价格指数为：

$$L_k = \left[n_k\left(\frac{\rho}{\rho-1}w_k\right)^{1-\rho} + n_r\left(\frac{\rho}{\rho-1}w_r\tau\right)^{1-\rho}\right]^{1/(1-\rho)} \qquad (4.16)$$

上文以城市 k 为代表，求解出城市的总收入公式（4.9），城市内任一企业 i 的利润公式（4.14），城市制造业产品价格指数公式（4.16），下面区分中心城市 N 和外围城市 S，分别写出对应的表达式。

由式（4.9）可得出城市 N 和城市 S 的总收入表达式为：

$$Y_N = n_N f w^h + L/2 \qquad (4.17)$$

$$Y_S = n_S f w^h + L/2 \qquad (4.18)$$

由式（4.16）得出城市 N 和城市 S 的价格指数为：

$$L_N = \left[n_N\left(\frac{\rho}{\rho-1}w_N\right)^{1-\rho} + n_S\left(\frac{\rho}{\rho-1}w_S\tau\right)^{1-\rho}\right]^{1/(1-\rho)} \qquad (4.19)$$

$$L_S = \left[n_S\left(\frac{\rho}{\rho-1}w_S\right)^{1-\rho} + n_N\left(\frac{\rho}{\rho-1}w_N\tau\right)^{1-\rho}\right]^{1/(1-\rho)} \qquad (4.20)$$

根据假设，城市 N 和城市 S 制造企业总数为 n，为进一步分析初始阶段产业规模对产业分工演变的影响，故假设在初始阶段，城市 N 内制造企业数额为 θn，则城市 S 内制造企业数额为 $(1-\theta)n$，将企业数额表达式替换后，可得出各城市的价格指数分别为：

$$L_N = \frac{\rho}{\rho-1} m^{1-\rho} [\theta w_N^{1-\rho} + (1-\theta)(w_S \tau)^{1-\rho}]^{1/(1-\rho)} \quad (4.21)$$

$$L_S = \frac{\rho}{\rho-1} m^{1-\rho} [(1-\theta) w_S^{1-\rho} + \theta (w_N \tau)^{1-\rho}]^{1/(1-\rho)} \quad (4.22)$$

由式（4.14）得出城市 N 和城市 S 制造业企业的利润表达式为：

$$\pi_N = \mu \rho^{-\rho} (\rho-1)^{\rho-1} w_N^{1-\rho} (Y_N L_N^{\rho-1} + Y_S L_S^{\rho-1} \tau^{1-\rho}) - w^h f \quad (4.23)$$

$$\pi_S = \mu \rho^{-\rho} (\rho-1)^{\rho-1} w_S^{1-\rho} (Y_S L_S^{\rho-1} + Y_N L_N^{\rho-1} \tau^{1-\rho}) - w^h f \quad (4.24)$$

更进一步，为了比较中心和外围城市工资差异，即两地相对比较成本对企业利润的影响，令 $W = \left(\frac{w_N}{w_S}\right)^{1-\rho}$，并将式（4.17）和式（4.21）代入式（4.23），将式（4.18）和式（4.22）代入式（4.24），得到中心城市 N 和外围城市 S 的利润表达式分别为式（4.25）和式（4.26）：

$$\pi_N = \frac{\mu}{n\rho} \left[\frac{n\theta f w^h + L/2}{\theta + (1-\theta) W \tau^{1-\rho}} + \frac{n(1-\theta) f w^h + L/2}{\theta + (1-\theta) W \tau^{\rho-1}} \right] - w^h f \quad (4.25)$$

$$\pi_S = \frac{\mu}{n\rho} \left[\frac{n\theta f w^h + L/2}{(1-\theta) + \theta W^{-1} \tau^{1-\rho}} + \frac{n(1-\theta) f w^h + L/2}{(1-\theta) + \theta W^{-1} \tau^{\rho-1}} \right] - w^h f \quad (4.26)$$

（二）模型讨论

（1）W 的影响。W 表示的是中心城市和外围城市间以技术工人工资为代表的相对比较成本的差异，中心城市与外围城市的相对比较成本差距越大，W 就越大。由式（4.25）和式（4.26）可知，当 W 增大时，π_N 会减少，而 π_S 会增大，在利润驱使下，更多的制造业企业会向外迁移。城市群内中心城市的土地成本和人力成本均高于外围城市，并且随着产业和人口集聚程度的提高，土地成本及人力成本等各项生产要素与外围城市间的差距越来越大，拥挤效应对产业分布的影响逐渐显著。模型中只讨论了制造业对成本的敏感度，因为相对而言，生产性服务业对要素成本的敏感度较低，而制造业对土地、资本和劳动力成本的敏感程度远远大于服务业。外围城市是城市群内的"成本洼地"，土地和人力成本优势显著，可以为制造业的发展提供更加广阔的地域空间和成本竞争优势。大卫·李嘉图

(1962)认为两地区间的相对比较优势促成产品贸易的形成。Heckscher（1919）和Ohlin（1933）从一系列基本假设出发，在比较优势理论的基础上，进一步提出了要素禀赋理论，认为区际分工及贸易产生的主要原因是区域生产要素相对富裕程度的差异，并由此决定了产业的生产要素相对价格和劳动生产率。Alex等（1996）认为城市群的结构是外部规模经济、交流成本、商务成本等相权衡的结果。因此，由模型可知，中心城市与外围城市间相对成本的差异性，使得多数制造企业在利润最大化目标的驱使下在外围城市集聚，即中心和外围城市间基于成本而形成的相对比较优势，是城市群内产业分工形成的原因之一。

（2）τ的影响。对于τ，分别讨论贸易成本无穷大和贸易成本为0时两者的极端情况，以分析贸易成本对企业利润及产业分布的影响。当τ无穷大时，$\pi_N = \frac{\mu}{n\rho}\left[nfw^h + \frac{L}{2\theta}\right] - w^h f$，$\pi_S = \frac{\mu}{n\rho}\left[nfw^h + \frac{L}{2(1-\theta)}\right] - w^h f$，此时两地制造业企业的利润仅与初始期各自的产业规模有关，与两地间的相对比较成本不再相关，说明当"冰山成本"足够大时，中心和外围间将不再产生贸易。本地产品仅在本地销售，制造业企业利润仅与当地企业数量有关。当地企业数量越多，则每个企业的市场份额就越小，利润也就越低。即当"冰山成本"足够大时，各自独立的市场难以形成产业在不同区域的转移，分工也难以形成。当τ趋近于1时，即两地间无贸易成本，即制造业产业的跨区域销售将不存在任何"冰山成本"，$\pi_N = \frac{\mu}{n\rho}\left[\frac{L+nfw^h}{\theta+(1-\theta)W}\right] - w^h f$，$\pi_S = \frac{\mu}{n\rho}\left[\frac{L+nfw^h}{\theta+(1-\theta)W^{-1}}\right] - w^h f$。中心城市和外围城市制造业企业的利润与初始产业规模和两地间的相对比较成本有关，说明当贸易成本较低时，两地间的贸易往来就愈加频繁。在贸易往来的基础上，各自的相对比较优势会对各自的利润产生影响，最终影响企业的区位选择。

τ既可以理解为制造业产品跨区域的运输成本，也可以将其推广到制造业和生产性服务业分离所产生的协调成本、服务成本，我们将其称为跨区域交易成本。跨区域交易成本的高低主要由区域交通和通信技术水平决定,即通信和交通技术的发展会对分工的形成产生影响。Keller(1986)注意到了交流网络变化对产业分工的影响,Jed Kolko(2007)发现分工主要源于知识外溢和交流成本的降低。早期的分工模式无论是产业内分工还是产业间分工,企业的生产部门与管理和研发部门均没有分离,主要是技术的限制使得不同工序如果不在同一地点完成,将耗费巨大的成本。但近年来通信技术的革命和高铁、城际铁路的飞速建设,缩短了城市之间的时空距离,不少城市群内城市之间实现了"一小时"快速连接。资本、劳动力、技术、信息等各类生产要素的流动性越来越强,企业部门分离的协调成本大幅下降,打破了以往中心城市与外围城市之间经济联系的时空限制。资源要素在不同地区高速流动的前提下,中心城市能够向外围城市快速、低成本地提供信息服务、管理决策,不同工序在不同地点完成变为可能,尤其是生产性服务业和制造业的分离成为现实。中心城市逐渐从生产与服务并重转向生产服务型,改变了传统的城市间分工模式,形成新的产业分工格局。

三、城市群内产业分工形成的驱动因素

通过模型构建和讨论,我们了解到不同中心和外围间的相对比较成本、由交通和通信技术进步所引起的交易成本的降低会对城市群内产业分工的形成产生影响。亚当·斯密(1776)提出分工受市场广狭的限制,马歇尔(1890)将相同产业空间集聚的原因解释为外部性的作用。为了较为全面地厘清分工的驱动因素,接下来将在模型构建和讨论的基础上,对不能纳入理论模型的其他驱动因素进行分析。

(一)市场范围

亚当·斯密(1776)在《国富论》一书中提出了著名的"市场范围"假说,即分工的程度受市场广狭的限制。亚当·斯密认为在市场范围较大的地区,人们更倾向于专注从事某一种职业,而不必从事自己并不擅长的工种,从而能够促进分工的深化和市场效率的提高。阿伦·杨格(1928)高度评价亚当·斯密的理论,并进一步发展亚当·斯密的思想,认为不但

分工水平依赖市场容量，反过来市场是由所有人是否参加分工的决策决定的，所以它又由分工水平决定，即"分工一般地取决于分工"，后被称为"杨格定理"。马歇尔认为企业在市场规模较大的地区可以获得更多的利润，也能有更大的意愿进行分工协作。在亚当·斯密和马歇尔经验研究的基础上，Krugman、Fujita 等对本地市场规模与生产效率之间的关系进行了模型构建和实证分析。Krugman 提出"本地市场效应"理论，认为具有较大国内市场需求份额的地区，会引致生产效率的提高和生产规模的扩大，进而成为该产业的净出口地区。国内的研究基本上是亚当·斯密理论的进一步延伸。齐讴歌等（2012）认为产业集聚导致市场范围扩大，市场范围扩大会促进劳动分工与知识分工的发展。梁琦（2009）对市场范围的含义进一步深化，认为分工受市场范围的限制，而市场范围包含两层含义，市场的广度和市场的深度。市场广度指的是市场空间范围的扩大；市场深度则是指市场交易环境的改善。强调城市群内各城市的协同发展，既有利于消除空间地理限制，扩大各城市的空间市场范围，也利于优化市场交易环境，增加市场的深度。因此，在市场范围不断扩大的背景下，城市群内产业分工也在不断深化。

（二）外部性

Marshall（1890）在《经济学原理》中将相同产业空间集聚的原因解释为外部性的作用，即：产业的市场关联、共享劳动力市场和知识外溢，认为技术外部性可以降低企业的各种成本。Fujita 等（2005）也认为形成经济活动空间集聚的内生力量主要包括两种：一是传统经济活动产生的经济联系；二是知识创新和知识扩散或传播所产生的知识联系。外部性常用来解释制造业集聚的原因，对于外部性的追求同样也是城市群内产业分工形成的一个重要原因。首先，通信和交通技术的发展虽然极大地降低了生产性服务业和制造业之间的连通成本，但随着生产链条的进一步细化，一件产品往往需要全产业链企业共同协力完成。地理临近不仅更加有利于知识外溢，也有利于优化制造企业的协同生产网络，因此产业之间客观的市场关联要求形成生产性服务业和制造业分别集聚的形态。其次，随着企业规模的不断扩大,对专业劳动力的需求日益旺盛,制造业和生产性服务业分别在不同城市集聚,可以形成更加专业化的劳动力市场,从而提升雇佣者与求职者之间的匹配效率,实现共享劳动市场。最后,创意、诀窍等隐性知识的传播往往局限在一定的地域范围,并且这类知识难以通过编码或记录等标准程序传播。因此,相关信息拥有者集聚在同一个城市更易于产生技术外溢。生产性服务业在中心城市集聚,高度密集的知识资源形成空间邻近效应和社会网络效应,从而更有利于新技术的产生和传播。与生产性服务业集聚所形成的知识外溢相似,制造业在同一地区集聚也有利于生产方法的改进和创新。相对而言,知识外溢效应在中心城市的生产性服务业中发挥的作用更加明显,Ellison G 等(2010)的经验研究也证实,技术外部性在生产性服务业中发挥的作用强于制造业。因此,对外部性的追求也促使城市群内产业分工不断发展。

(三)集聚程度

克鲁格曼(1991)揭示出经济活动最突出的地理特征便是集聚。集聚是分工的空间组织形态,集聚一旦形成,它将有利于分工利益的实现并进一步促进分工的深化(梁琦,2009)。集聚可以扩大市场的广度和深度,集聚经济能够显著提高城市的生产效率已经在学术界取得共识。随着集聚规模不断扩大,城市拥挤效应不断显现,环境污染、交通拥挤等"大城市病"严重制约城市核心竞争力的提升,这一问题在城市群的中心城市表现得尤为明显。"大城市病"不仅使中心城市建设和公共管理面临严重挑战,而且制约了工作效率、减弱了城市活力、降低了生活质量。拥挤效应是一种分散力,导致企业空间的扩散,于是中心城市的制造业开始向外围城市迁移,即为中心城市生产性服务业发展腾挪出更多城市空间,为外围城市的发展注入更多的生产要素,带动外围城市经济的快速增长,进而促进整个城市群内分工的进一步深化。

(四)生产技术的创新

生产技术的创新之所以能引起城市群内的产业分工主要是因为技术分工是产业分工的核心,产业经济效应的提高在很大程度上来源于因技术创新所引致的新型产业分工带来的新的规模集聚效应。产业技术是连接产业内部各企业、各部门的纽带，新的生产技术的出现，一是改变了现代产业的组织连接形式，二是推动新兴产业的形成与发展。首先，在互联网技术、物联网技术、新材料、智能机器人等新技术的影响下，技术分工向纵深方向发展，产业链条不断延伸、生产的迂回程度不断增加，延长的产业链条被拆分成技术含量和产品价值不同的生产环节。城市群内各城市的自然禀赋、产业基础、经济发展水平存在一定的级差，于是对技术水平要求较低而对人力资本需求量较大的环节就逐渐从中心城市转移到外围城市，而高端制造环节和企业的研发管理环节保留在中心城市，形成了新的现代产业组织连接形式。其次，现代服务、创意文化、教育医疗等新兴产业不断涌现，这些产业对人力资本、知识溢出、市场临近的敏感程度远远高于制造业。而中心城市较高的人力资本集聚水平、便捷的交通网络为新兴产业的发展提供了良好的发展空间，新兴企业在进行区位选择时，中心城市具有强大的吸引力，因此，中心城市更容易成为新兴产业的集聚地。

（五）政府调控因素

分工的发展本身是由市场机制决定的，但由于市场本身固有的缺陷导致市场在决定资源配置时具有一定的盲目性，因此需要必要的人为调整，即政府调控的介入。Hsieh C T 等（2009）认为在经济转型时期，政府通常会使用行政手段对微观经济主体的活动进行干预。这种情况在中国更为普遍，政府调控因素对城市群内产业分工的形成具有重大影响力。各级政府为了促进当地经济的发展，通常会通过区域规划、税收减免、财政补贴等多种手段对当地的产业布局产生影响。这些影响可以分为两类：一是城市群行政规划对经济行为主体的影响；二是财政补贴、税收减免、土地政策等经济手段对城市要素成本的影响。

1. 行政规划

城市群行政规划包括城市群整体发展规划的确立、城市群内协同发展制度的创新等，行政规划作为一种重要的正式制度对城市群内产业分工具有显著和直接的影响。随着产业和人口在大城市的集聚，交通拥堵、环境污染等"大城市病"日益显著,而市场的自我调节往往存在滞后性,因此政府通常会介入引导经济要素向外迁移。例如《京津冀协同发展规划纲要》中明确北京市的战略定位是"四个中心",即"政治中心、文化中心、国际交往中心、科技创新中心",加快疏解非首都功能,既加速了北京制造业向外围城市的转移,同时也强化了北京作为中心城市的生产性服务功能。同样,城市群内通过制度创新,打破群内城市间户籍制度、社会保障制度、就业制度、入学制度等体制障碍,会弱化城市间的行政区划壁垒,促进各种资源要素充分地自由流动,从而促进城市群内产业分工的进一步发展。

2. 经济手段

Azariadis等(2005)认为地方政府的财政补贴会改变城市间企业的生产成本或要素成本从而对企业的区位选择产生影响。赵勇和魏后凯(2015)认为政府的财政补贴、税收减免、土地供给等优惠政策会对生产性服务业和制造业产生不同的影响。一般来讲,在进行区位选择时,制造业对生产要素成本的敏感程度要远远大于生产性服务业,因此财政补贴主要对制造企业的区位选择存在较大的影响力。政府补贴对城市群内产业分工的影响可以从中心城市和外围城市两个角度进行分析:首先,如果中心城市政府增加对企业的财政补贴,则会降低中心城市制造企业的要素成本,那么中心城市的制造企业会选择继续在中心城市进行生产,而不是向外围城市迁移,甚至还会吸引更多制造业的进入,从而对城市群内产业分工的发展产生抑制作用。这一现象在中西部城市群表现得较为明显,这些城市群的中心城市在大力发展生产性服务业的同时,更多的是选择将制造业迁移至城郊边界地区,而不是鼓励其向外围城市迁移。其次,如果外围城市政府增加对企业的财政补贴,则会进一步降低外围城市生产要素的相对成本,从而吸引中心城市内对成本敏感的制造型企业向外迁移,进而对城市群内产业分工的发展起到推动作用。

第二节　城市群内产业分工对区域差异影响的机理分析

　　影响区域差异的因素包括地理区位、自然禀赋、产业结构等，但这些因素主要通过经济活动空间分布的不均衡导致区域经济发展水平的不均衡。城市群内产业分工形成不同产业类型在不同区域集聚，因此，我们有理由认为城市群内产业分工是城市群内区域经济非均衡发展的重要原因。为了更清楚地把握区域差异的结构性因素，本书借鉴泰尔指数对区域差异分解的思路，将总体区域差异进行分解。本节首先从两地区出发，探讨不同类型产业在不同地区集聚为何会造成两地间的区域差异，为后文分工与不同类型区域差异关系的探讨奠定理论基础；其次，将城市群内区域差异进一步细分为总体空间差异，中心和外围间的区域差异以及外围城市间的区域差异，从三个空间层次分别讨论城市群内产业分工对不同类型区域差异的影响机理。

一、两地区间产业分工对区域差异的影响分析

　　从理论研究来看，对于区域分工与区域差异关系的研究，新经济地理学证实，农业和制造业形成的"中心—外围"空间结构与区域差异紧密相关。农业生产属于自然生产，受自然生产周期、气候因素等多方面的影响。农业生产效率显著低于制造业，且难以大幅度提高。由于农业和制造业的产出效率和产业特点存在较大的差异性，通常认为农业和制造业分工所形成的"中心—外围"会造成区域差异扩大。

　　与制造业和农业间的"中心—外围"分工不同，生产性服务业和制造业之间存在紧密的产业关联性。生产性服务业最初属于制造业的一部分，随着产业分工的深化，制造企业将原来由内部提供的生产性服务垂直分解或将相关的研发、设计等服务外包，逐步导致生产性服务业从制造业内部分离，成为独立的产业部门。因此，生产性服务业与制造业具有紧密的产业关联。通过产业分工协作机制，生产性服务业的发展对制造业起到支撑

作用，两者互动与融合，进而降低各自的成本，提升各自的效率。当两者在不同区域集聚时，均可获取马歇尔所述的劳动力市场共享、投入和产出关联以及知识外溢等外部性。那么，当生产性服务业与制造业分别集聚在中心区和外围区时，两地区间为何会产生经济发展差异？综合上述新经济地理学以及生产性服务业和制造业的产业关联特性，本书认为主要是由两者不同的空间产出效率和创新能力差异造成的。在分析中为便于说明问题，将生产性服务业集聚地称为 A 地，制造业集聚地称为 B 地。

（一）空间产出效率的差异性

一个企业的价值链可以分为不同的环节，从总部、研发、产品设计、原料采购、零部件生产、装配、成品储运、市场营销到售后服务等各个环节都必不可少，但不同环节的产业附加值却存在较大的差异性。"微笑曲线"最早是由台湾宏碁集团董事长施振荣（1992）根据波特的竞争理论分析传统制造业时提出的。施振荣认为对传统制造业而言，系统组装环节的产业附加值最低，而上游生产和下游分销的利润相对较高。之后的学者将该理论发展应用于整个价值链的分析，认为在产业链中，设计和销售的产业附加值要高于制造业的附加值。A 地生产性服务业集聚，B 地制造业集聚，A 地产业附加值要高于 B 地。制造业主要是有形产品的生产和分配，在生产过程中需要投入原材料并使用一定的设备进行生产，大型设备往往需要占用较大的空间面积，因此制造业对土地成本较为敏感，这也是制造业在外围城市集聚的原因之一。生产性服务业是从制造业内部分离出来的，大多以知识资本、人力资本等为主要投入，产品多是无形的，对自然资源依赖性不强，占用较小的空间面积，集聚程度更高，因此生产性服务业单位土地面积的空间产出效率要高于制造业。

表 4-1 为 2017 年中国部分 CBD 税收贡献额。2017 年一线城市和新一线城市 CBD 单位面积税后贡献额普遍较高。一线城市中，深圳福田 CBD 每平方公里的税收贡献额最高，达到 297.03 亿元；新一线城市中，武汉王家墩 CBD 每平方公里的税收贡献额最高，达到 22.29 亿元。再以北京中信大厦为例，其占地 11478 平方米，2020 年北京中信大厦年税收收入超过百亿

元，而 2019 年全国约 2000 个县（县级市、旗）中，仅有 13 个县（县级市、旗）的财政收入超过百亿元，也就是说全国超过 99% 的县一年的财政收入都低于中信大厦一年的税收收入。CBD 是各城市高端商务服务业、金融业、文化创意产业、科技信息服务业、总部经济等高层次生产性服务业的集聚地，这些产业具有巨大的辐射力和影响力，不仅可以带来可观的税收贡献，也是提升城市影响力的重要手段。以上以 CBD 税收贡献额为代表的数据说明生产性服务业能够在非常集约的空间内汇聚可观的人才流、资金流、信息流，创造持续的就业与税收，产生的财富效应与节地效应非常明显。朱江丽和李子联（2014）提出异质企业存在明显的空间选择行为，高效率企业集聚的地区越来越好，而低效率企业集聚的地区陷入发展陷阱，从而区域差异不断扩大。因此，由于 A 地生产性服务业的空间产出效率高于 B 地的制造业，造成 A、B 两地之间必然产生经济发展差异。

表 4-1 2017 年中国部分 CBD 税收贡献额

城市类别	CBD	CBD 面积（平方公里）	税收贡献额（亿元）	单位面积税收贡献（亿元/平方公里）
一线城市	北京 CBD	3.99（核心区），6.99（功能区）	375（核心区），1113.6（功能区）	93.98（核心区）159.31（功能区）
	上海陆家嘴 CBD	6.89	—	—
	广州天河 CBD	6.19（规划面积 20）	317.03	51.22
	深圳福田 CBD	6.06（规划面积 78.8）	1800	297.03
新一线城市	天津滨海新区 CBD	3.44（全域面积 42）	55	15.99
	西安长安路 CBD	2.9（规划面积 4.55）	6.1	2.10
	武汉王家墩 CBD	7.41	165.19	22.29
	杭州下城 CBD（核心区）	4.02（全域面积 31.46）	23.5	5.85
	南京河西 CBD	3.5（规划面积 22）	18.54	5.30
	成都锦江 CBD	3.5	23.33	6.67
	长沙芙蓉 CBD	2.8	47.61	17.00
	沈阳金融商贸 CBD	2.97	39.95	13.45

数据来源：《中央商务区蓝皮书：中央商务区产业发展报告（2019）》。

（二）创新发展能力的差异性

经济增长理论认为除了人力资本、物质资本等因素外，科学技术及其空间集聚特征也是导致区域差异的一个重要原因（王业强等，2017）。在新一轮科技革命的大背景下，不同区域与前沿技术的距离决定区域经济适应外部市场变化的能力，也决定了地区之间的区域差异、收入差异以及全要素生产率差异。与制造业空间集聚不同的是，生产性服务业集聚带来了知识和信息技术的大量集聚。产业集聚区内知识、信息、人才的大量集聚与流动，通过正式和非正式的合作交流更易于产生新思维、新技术。国内外大部分研究结论显示，生产性服务业能够通过空间集聚，有效促进全要素生产率的提升和技术的进步。因此，知识密集和技术密集这两个重要特征使生产性服务业集聚一方面能够促进行业内部提升效率，另一方面也成为城市创新驱动经济增长的载体，对技术创新能力提升、创新交流网络形成、创新成果的产生、扩散和经济转化具有全方位的支持作用，是城市创新经济市场深度加大的关键推手（刘丽萍和刘家树，2019）。李平等（2017）通过对全要素生产率增长率（TFP指数）的测算与分解，发现生产性服务业TFP对GDP的贡献率超过第二产业，说明生产性服务业的增长质量更高，可以推动经济的可持续和高质量增长。因此，生产性服务业集聚的A地相对于制造业集聚的B地具有更强的创新发展能力，在城市经济增长方式从单纯依赖资源要素投入向依靠创新驱动的绿色高效发展模式转变的过程中，A地依靠科技创新能力使城市的资源配置效率和生产率高于B地，从而在A地和B地间形成一定的区域差异。

总体来说，生产性服务业和制造业在存在密切的产业协作关系的前提下，空间产出效率和创新发展能力差异是造成A、B两地区域差异的主要原因。基于此逻辑，生产性服务业和制造业区域分工与区域差异的逻辑关系可概括为图4-1。

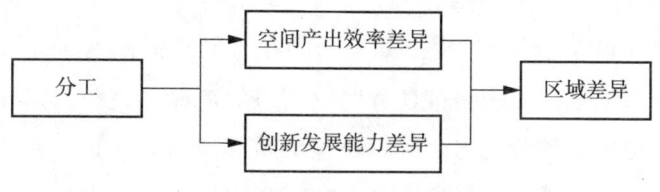

图4-1　区域差异的形成路径

需要说明的是：其一，图 4-1 仅以 A、B 两地来说明不同类型产业在不同地区集聚为何形成两地经济发展差异，说明产业分工既是经济增长的源泉同时也是区域差异形成的重要原因，由于分工不同致使区域间存在经济发展差异符合经济发展规律。其二，不同空间层次具有不同的空间结构和作用规律，两地区间的讨论是多地区分析的理论基础，但不同空间层次的区域差异呈现不同的表现和特征。本书的研究对象为城市群，其中包含众多城市，已有研究多集中在中心和外围间区域差异形成原因的研究，中心和外围间的区域差异是城市群内区域差异的一个显著表现，但并不能说明城市群内的所有问题。为了清晰反映服务业和制造业协同集聚的"中心—外围"分工模式对城市群内不同空间层次区域差异的影响，从而为细化区域发展政策提供理论依据，本书拟从城市群总体空间差异、中心和外围间的区域差异、外围城市间的区域差异三个空间层次，分别探讨城市群内产业分工对不同区域差异的影响机理。

二、城市群内产业分工对不同空间层次区域差异的影响机理分析

（一）城市群内产业分工对总体空间差异的影响机理分析

David Ricardo（1817）提出具有相对比较优势的两国按比较优势参与国际贸易，均可以提升福利水平。本节从相对比较优势理论出发，分析城市群内产业分工对总体空间差异的影响。精细化、专业化分工使各地区加速互联互通进程，协同区、一体化等突破行政区划界限的经济合作区逐渐成为区域经济发展的主流形态。因此，城市群内产业分工能够发挥城市间相对比较优势、增强城市间经济和社会联系、深化跨区域政府间合作，从而缩小城市群总体空间差异。

1. 城市间相对比较优势的发挥

David Ricardo（1817）提出如果两国在不同产品的劳动生产率方面存在差距，每个国家应集中出口具有比较优势的产品，进口具有比较劣势的产品，双方均可省劳动力，最后通过贸易实现双赢。也就是说两国按比较优势参与国际贸易，两国均可以提升福利水平。城市群内中心城市与外

围城市之间具有不同的相对比较优势，例如两者的生产成本、生活成本、人力资本集聚程度等各方面存在较大的差异性，并且外围城市之间的自然禀赋、经济发展历史和现状也存在一定差异性，因此城市群内各城市之间具有相对比较优势。中心城市企业出于比较优势的考虑，将位于产业链低端的生产制造环节向外围城市转移，更专注于新产品研发、技术服务、品牌运营等环节，不仅有利于中心城市在产业链的位置不断上升，而且能够为外围城市的产业集群提供更加高效和专业的技术服务；外围城市虽然位于产业链的低端，但其利用生产制造环节的比较优势，并通过与中心城市的产业互动不断提升产品附加值。因此，中心城市与外围城市之间的产业协同集聚通过产业链上下游的紧密协作提升了区域整体产业链价值、增强整个区域的竞争力。Friedman（1986）探讨了都市圈的分工问题，认为各城市间的优势互补是都市圈协同发展的重要原因。吴小波和曾铮（2007）认为圈层经济结构有利于提高资源配置效率，增加总体福利水平。刘友金和罗登辉（2009）认为城市群内各个城市基于要素差异进行的不同产业的选择，使城市群内的各个城市通过专业化协作获得较为均等的发展机会。赵勇和白永秀（2012）研究证实城市群内分工的深化在促进经济增长的同时可以缩小地区收入差距。黎文勇和杨上广（2019）认为城市群产业分工能够在城市群内形成功能错位、良性互动、优势互补的空间发展格局，从而提升城市群经济发展质量。张若雪（2009）也认为城市群内产业分工能够充分发挥中心城市和外围城市之间的专业优势，促进城市群经济增长和技术进步。Schiller（2015）发现香港与珠江三角洲之间的产业分工能够实现城市间的功能错位和共同发展。因此，城市群内产业分工能够更大程度地发挥不同城市的相对比较优势，获得专业化分工带来的收益。

2. 城市间经济和社会联系的增强

城市群内产业分工是产业纵深发展下更为细致的产业分工，是产业链在不同城市的分层级布局。这种分工模式要求生产链细分后的各环节高度协同合作，引发城市群内部社会、经济等多维度、多层次的系统性交融，从而深化城市群内各城市间的分工合作，提升城市群整体协同发展质量，缩小城市群总体空间差异。

（1）经济发展协同

城市群是一个功能相互依存的城市体系，城市群内产业分工会强化城市群内的空间经济联系。根据区域分工理论，城市之间分工的深化必然推动城市之间形成局部或全面的合作（覃成林和周姣，2010）。仇保兴（2004）也提出产业分区域的专业化集聚形成了各类产业组织和社会组织之间有序的专业化分工和协作网络，产业组织和社会组织所形成的无形关系网络弱化了城市间的地理边界，在临近的地理空间实现高效和紧密的协作。当代区域间的竞争已不再是单个城市之间的竞争，而是以城市群为基础的区域间经济的整体竞争（李东光和郭凤城，2011）。以产业分工和合作为内容的功能分化，能够在城市之间形成日益密切的经济联系和发展上相互依赖、互动的关系（覃成林和周姣，2010）。反之，如果城市群内各个城市间的产业关联较弱，很可能会出现一盘散沙式的企业分布，导致所在区域因缺失经济支撑而失去竞争力。赵勇和魏后凯（2015）也认为城市群内产业分工不同于产业间和产业内分工，这种基于价值链基础的空间产业分工是建立在区域经济一体化与区域间的密切联系和互动的基础上的。近几十年国内外城市群发展的经验均证实，依赖产业分工维系的城市更能实现区域的协同发展。以长三角城市群为例，江浙沪三省（市）各城市间产业链紧密衔接，推动了长三角区域整体实力的提升。

（2）社会发展协同

除了城市间经济联系变得更加紧密，城市群内产业分工还会增强城市间人员往来、文化交往，最终在社会层面上形成城市群共同发展的理念（黄宾，2018）。社会协同起源于产业分工，一旦形成将有助于在城市群内形成更加合理的产业分工模式，促进城市群的协同发展。城市群的协同发展有赖于中心城市与外围地区的互动合作，只有中心城市与外围地区形成良好的关系，才能在空间上跨越行政区的界限，形成城市间的利益共享。但是受现行的行政区划边界的硬约束，作为各自独立的行政主体，中心城市担心"肥水"流入"外人田"，外围城市担心虹吸效应使本地要素资源流失，成为"过水田"。在产业分工模式下，人口在中心城市与外围城市间的流动日益频繁，人们对交通体系协同、公共服务协同、生态环境协同发展的要求日益迫切，协同发展、互惠互利的发展理念逐渐深入人心。在协同发展理念的影响下，城市群内交通设施的连通、公共服务的均等化会加速推进，协同发展环境的改善会反作用于城市群内产业分工的深入发展，最终推进整个城市群高质量的协同发展，缩小城市群总体空间差异。

3. 跨区域政府间合作的深化

党的十八大以来，《京津冀协同发展纲要》《长江三角洲区域一体化发展规划纲要》《粤港澳大湾区发展规划纲要》《关于建立更加有效的区域协调发展新机制的意见》等国家区域战略部署均强调区域协调、协同、共同发展，我国国家区域政策的目标正从以提升竞争力为目标的非均衡发展战略向区域协调发展战略转变。城市群协同发展是我国区域发展的主要方针，也是城市群各级政府的共识。城市群内产业分工打破了区域间的产业锁定，使城市群内各城市逐渐从以区域竞争为主转向区域合作，跳出各自行政区划的限制，抑制地方保护主义，加强政府间的分工协作，通过制度创新建立有效的一体化行政模式和运行机制，充分发挥城市间产业协作的正向溢出效应。积极合理的政府合作机制有利于降低城市群内部的交易成本，克服由于市场缺陷、地方保护、行政壁垒所导致的中心城市与外围城市差异的不断扩大（王浩等，2017）。目前，政府间的合作范围主要包括两方面的内容：一方面，加强基础设施同城化建设，以运输贸易条件和通信设施的建设为重点，进一步降低城市产业分工下城市间协同合作的协同成本，提高资源的空间配置效率；另一方面，深入解决城市间分工合作存在的制度障碍，对要素流动、企业跨区域发展、市场开放等进行引导和规范。

（二）城市群内产业分工对中心和外围间区域差异的影响机理分析

从理论研究来看，循环累积因果理论在增长极理论的基础上阐述了增长极对周边地区经济发展的促进作用和不利影响，威廉姆逊在实证研究基础上提出的倒"U"型假说，为中心和外围间的区域差异的研究提供了理论借鉴。借鉴已有研究，本书认为城市群内产业分工之所以会对中心和外围间的区域差异产生影响,主要是中心城市对外围城市同时具有正向的外部影响(空间外溢效应)和负向的外部影响(虹吸效应),这两种力量在不同时期的影响力具有一定的差异性,从而决定中心和外围间的区域差异是相对扩大还是缩小。

1. 理论基础

(1) 循环累积因果理论

缪尔达尔(1957)提出了"循环累积因果理论",利用扩散效应和回波效应概念,阐述了增长极对周边地区经济发展的促进作用和不利影响。该理论认为增长极会对周边地区产生两种影响,一种是不利影响,即回波效应;一种是有利影响,即扩散效应。回波效应是指落后地区的资金、劳动力向发达地区流动,导致落后地区要素不足,发展更慢。回波效应会拉大地区间经济发展差距。当回波效应发挥到一定阶段后,发达地区会产生资本过剩、污染严重、人口密集等问题,资金、技术、劳动力等生产要素向落后地区流动,促进落后地区的发展,对落后地区产生扩散效应。扩散效应有利于缩小地区间经济发展差距。总之,循环累积因果论认为,经济发展过程首先是从一些较好的地区开始,一旦这些区域由于初始发展优势而比其他区域超前发展时,这些区域就通过累积因果过程,不断积累有利因素继续超前发展,导致增长区域和滞后区域之间发生空间相互作用。

赫希曼(1958)提出如果一个国家的经济增长率先在某个区域发生,那么它就会对其他区域产生作用。赫希曼把经济相对发达区域称为"北方",欠发达区域称为"南方"。北方的增长对南方将产生不利和有利的作用,分别称之为极化效应和涓滴效应。从短期看,北方会不断吸引南方的资本、技术和人才等资源向其集聚,导致两地间的经济差距日益扩大,但从长期看,北方最终会产生"集聚不经济",促进产业向南方扩散,最终涓滴效应超过极化效应,会逐渐缩小南北方之间的经济发展差距。

扩散效应、回波效应是由缪尔达尔提出来的,涓滴效应、极化效应是由赫希曼提出来的,后人将他们提出的概念用来分析区域差异的变动,称之为"缪尔达尔—赫希曼模型"。

(2) 威廉姆逊倒"U"型假说

威廉姆逊1965年将库兹涅茨的收入倒"U"型假说应用到区域经济学中，提出了区域经济发展差异的倒"U"型假说。与以往的理论不同，该理论是建立在实证研究的基础上的。威廉姆逊利用英格兰东部110年的统计资料以及全世界24个国家的资料，发现无论是时间序列分析还是截面分析，实证结果都表明发展阶段和区域差异之间存在倒"U"型关系：在经济发展初期，区域经济差异会逐渐增大；但当经济进入成熟增长阶段后，区域经济差异将会随着经济的增长而逐渐下降，即区域经济发展差距的变动轨迹是先扩大后改进。

2. 影响机理分析

(1) 虹吸效应

克鲁格曼（1991）认为空间异质性（不同地区的要素禀赋、历史文化、政策环境等存在差异性）是区域分工的基本要素，也是产业集聚的形成原因。产业的地理集聚使经济活动的空间呈现不对称性，反过来，经济活动的空间不对称又会进一步促进产业地理集中，最终形成经济相对发达的"中心区域"和相对落后的"外围区域"。中心城市通常是经济、政治、文化、交通、医疗等各个领域的区域中心，依托自身的各种优势，中心城市往往具有更强的集聚效应，不断吸引外围城市的劳动力、资本、专业技术人才、自然资源等向中心城市集聚。因此，在城市群的发展初期，中心城市对外围城市具有很强的虹吸效应，各类生产要素在中心城市的集聚导致外围城市的竞争力不断下降，在循环累积因果的作用下，中心和外围间的区域差异逐渐变大。

具体而言，中心城市的虹吸效应对外围城市的负向影响主要体现在两个方面：一是产业结构的低端化。由于人口、资本以及自然资源向中心城市的集聚，外围城市的经济发展主要依赖劳动密集型制造业、农业、旅游业等，这类产业均处于产业价值链的低端，产业附加值较低，产品竞争力较弱。二是人力资本匮乏。由于中心城市在基础设施、公共服务、工资水平、发展机遇等多方面与外围城市具有较大差异，导致外围城市高技术人才匮乏，缺乏创新人才使其难以提高劳动生产率，城市经济发展的竞争力不足。

(2) 空间外溢效应

空间外溢效应通常是指一个地区的知识积累将会提高其他区域的生产率。新经济地理学派也非常强调空间外溢效应对经济增长的作用，认为一个区域的人力资本和知识的外溢效应改善了临近区域的人力资本、知识的供给条件，增强了临近区域的经济增长动力。得益于交通和通信技术的快速发展以及城镇化进程的加快，人们之间的交往和劳动力的跨区域流动越来越频繁，从而为中心城市带动周边城市经济发展奠定了基础。多数文献均已证实生产性服务业集聚不仅可以提升自身产业的效率，而且对于周边制造业效率的提升具有明显的溢出效应，从而促进周边城市制造业和经济发展（盛丰，2014；张浩然，2015；程中华等，2017）。城市群内中心城市对外围城市的空间外溢效应主要表现在四个方面：

第一，根据 Lanaspa（2016）的理论模型，随着生产性服务业服务能力的提升，可以降低制造业的中间服务成本和交易成本，从而实现外围城市制造业获利能力和效率的提升。

第二，生产性服务业作为制造业的中间投入，位于产业价值链的高端，中心城市生产性服务业的发展可以带动制造业产品链的延伸，提高产品附加值，带动外围城市制造业向价值链中高端攀升，突破资源和环境双重约束的困境。

第三，由于地理临近性，中心城市的生产性服务业对外围城市制造业的发展具有极强的知识外溢效应，中心城市的科技研发成果更易于在外围城市转化，为外围城市产业的发展提供了技术支撑。Lavesson N（2017）研究发现靠近城市群中心城市的外围城市可能会因为获得更多的溢出效应而使得城市的企业数量增加。

第四，当中心城市集聚到一定程度之后，许多城市出现环境污染、交通拥挤等"大城市病"。中心城市制造业向外围城市的外迁带来产业和人口的向外迁移，为外围城市的发展注入更多的生产要素，带动外围城市经济的快速增长。

城市群内中心城市对外围地区的"虹吸效应"和"空间外溢效应"均是不可避免的，并且由于中心城市和外围地区经济基础、产业结构、区位条件等多方面的差异性，我们应当认识到中心和外围之间的区域差异不可能消除，两者存在一定的经济发展差异符合经济发展自然规律。但我们可以对"外溢效应"进行更深入的研究，不断扩大其对外围城市的影响力，将中心和外围之间的区域差异控制在一定合理范围之内，以实现一荣俱荣（林细细等，2018）。

（三）城市群内产业分工对外围城市间区域差异的影响机理分析

在城市群内产业分工模式下，外围城市产业结构相似、数量较多，属于具有竞争关系的同质个体。为了清晰地表述外围城市间的区域差异，根据其与中心城市地理距离的远近，我们将其细分为近外围和远外围。

基于泰尔指数分解法对外围城市间的区域差异的测算发现：从泰尔指数大小比较结果来看，长三角城市群在整体泰尔指数最低的前提下，其外围城市内部区域差异的泰尔值明显高于其他城市群；从贡献率来看，外围城市间的区域差异是长三角城市群区域差异形成的主要原因，其余城市群则主要表现为中心和外围间的区域差异。以2018年的数据为例，成渝城市群外围内部区域差异的贡献率为12.33%，而长三角城市群则高达83.58%。城市群内产业分工是一个动态变化过程，城市群内的区域差异随着分工的发展也在变化，作为我国发育成熟度最高的长三角城市群，为何随着分工的发展外围内部的区域差异逐渐成为城市群内区域差异的主要来源？这一问题值得深入思考。

基于以上客观事实，本书认为当城市群内产业分工发展到一定阶段后，在产业分工模式的影响下，外围城市间的区域差异将成为城市群内区域差异形成的主要来源，形成原因可以用地理衰减规律和产业梯度转移理论来解释。

1. 地理衰减规律

城市群内各城市之间的经济并非相互独立，而是彼此之间有着广泛的相关性，一般地理距离越近的城市之间的相互影响力越大。柯善咨

(2009)、潘文卿(2012)、李敬等(2014)的研究均证实空间溢出效应是中国地区经济发展不可忽视的重要影响因素。在强调城市群内合理分工与协同发展的大背景下，中心城市与外围城市的产业分工不仅对各自城市的经济增长产生影响，由分工的关联性所产生的城市间空间外溢效应也在逐渐增强。所谓地理衰减规律，指的是地理要素间的相互作用与距离有关，在其他条件相同的情况下，地理要素间的相互作用力与距离的平方成反比。生产性服务业集聚虽然可以通过空间外溢效应提升外围城市的工业效率，但这种空间外溢效应存在一定的区域边界，其辐射效应在空间上呈现层级差异性分布。主要原因是生产性服务业包含更多隐性知识，具有产品无形、不可存储、生产和消费同时等产业特性，其产业特性决定了有效的信息沟通和交流对于生产性服务业提升制造业效率具有重要影响。因此，信息空间传递过程中产生的衰减特征就使得生产性服务业对于制造业生产效率提升的空间外溢效应存在一定的区域边界（余泳泽等，2016）。许政等（2010）也验证了地理和城市经济增长的"∽型"非线性关系，发现距离大港口越远越不利于经济增长，同样距离中心城市越远也越不利于经济增长。在城市群发展初期，各地经济发展水平差异性较低，随着中心城市生产性服务业的集聚，在地理距离衰减效应的影响下，近外围区域能够更多地接受中心城市的技术外溢效应从而快速发展。例如苏州、无锡、常州三市临近上海，积极利用上海优势发展自身经济，形成与上海紧密联系的产业集群，配套中心城市发展制造业，经济发展水平在外围城市中处于绝对领先水平。2018年三市GDP总量接近江苏省总量的40%，人均GDP也领先于其他各市。

2. 产业梯度转移

发展经济学家将弗农的产业生命周期理论应用到地区经济发展差距的研究中，形成了梯度转移理论。梯度转移理论认为产业结构现状决定了区域经济发展方向，地区经济部门特别是主导产业在生命周期所处的位置又决定了产业结构。若处于创新阶段的专业部门是一个区域的主导产业，就意味着该区域具有良好的发展前景，该区域就是高梯度区域。该理论指出决定地区发展梯度层次的是创新活动，后者又多集中在高梯度区域。当工业产品或工业部门的生命周期阶段发生变化时，生产活动由高梯度地区向低梯度地区迁移，城市系统的多层次扩展，就是梯度转移的主要形式。日本经济学家小岛清的雁阵模型就是梯度转移理论的深入发展，该理论对日本、中国、东南亚等新兴经济体所处的不同发展阶段具有很好的解释力。梯度转移理论认为应首先加快发展发达地区，之后通过要素报酬均等化等促进资金、技术、劳动力等从发达地区向欠发达地区流动。

产业布局一般都是由中心地向周围辐射，其经济技术水平逐级递减，这样就形成了地区间经济发展水平的差别即梯度（刘茂松，2000）。当中心城市生产性服务业集聚到一定程度时，拥挤效应逐渐显现，于是对生产成本敏感的制造业开始外迁。在企业选择外迁时实际上存在区位的选择，往往会优先选择具备区位优势的近外围城市进行扩散，而地理距离偏远、基础设施相对较差的远外围城市在产业转移中处于劣势地位，即形成产业的梯度转移。必须注意到这一过程或中心城市的这种形式的影响力均首先发生在近外围城市，并且随着与中心城市地理距离的逐渐扩大，这种影响力逐渐减弱，最终表现为对远外围城市不会产生影响。吴小波和曾铮（2007）提出产业转移是根据与中心地区的相对经济距离来决定的，经济发展带会形成一个环绕中心地区的圆形的层级结构。随着中心地区产业不断移入，类似于中心地区的产业扩散趋势也会在该地区产生，该地区的产业同样会向其外围转移，形成再次一级的层级。因此，城市群内产业的梯度转移在一定程度上造成了近外围城市发展速度快于远外围城市，从而在外围城市间形成新的区域差异。

第三节　本章小结

本章围绕城市群内产业分工的形成机理及其对区域差异的影响机理两个问题展开研究，得到了一些有益的结论与启示。对于第一个问题的讨论，首先建立理论模型，利用模型中参数的变化对这一问题进行分析，并对不能纳入理论模型的其他驱动因素进行分析，认为相对比较成本、通信和交通技术的进步、市场范围、外部性、集聚程度、生产技术的创新以及政府调控均会对城市群内产业分工产生影响力，从而较为全面地厘清城市群内产业分工的形成机理。

对于第二个问题的讨论，首先从两地区出发，提出生产性服务业和制造业在不同地区集聚所形成的空间产出效率和创新能力差异是造成两地间的经济发展差异的主要原因。其次从三个空间层次探讨了城市群内产业分工对不同类型区域差异的影响机理：第一，提出城市群内产业分工能够发挥城市间相对比较优势、增强城市间经济和社会联系、深化跨区域政府间合作，从而缩小城市群总体空间差异；第二，中心城市对外围城市同时具有正向的外部影响（空间外溢效应）和负向的外部影响（虹吸效应），这两种力量在不同时期的影响力具有一定的差异性，从而决定中心和外围间的区域差异是相对扩大还是缩小；第三，在地理衰减规律和产业梯度转移的双重影响下，外围城市间的区域差异会成为城市群内区域差异的主要来源。

第五章

中国城市群内产业分工和区域差异的演变趋势

中国不同城市群处于不同的发展阶段，具有较大的差异性，那么各个城市群内的产业分工和区域差异到底分别呈现怎样的态势？本章在明确研究对象的基础上，对各个城市群的产业分工进行测度，进一步验证"中心—外围"的产业空间布局，并从城市群总体空间差异、中心和外围间的区域差异、外围城市间的区域差异三个空间层次对城市群内区域差异进行测度，为后文的研究提供支撑。

第一节 城市群地理范围及中心城市的界定

不同学者对城市群有不同的界定标准，不同时期的城市群规划文件也不尽相同，故需要明确研究对象，本书依据2018年11月8日中共中央、国务院发布的《关于建立更加有效的区域协调发展新机制的意见》（以下简称《意见》）及最新发布的相关城市群发展规划来确定本书的研究对象。

一、城市群的地理范围

《意见》提出建立以中心城市引领城市群发展、城市群带动区域发展的新模式，推动区域板块之间的互动融合发展。以北京、天津为中心引领京津冀城市群发展，带动环渤海地区协同发展。以上海为中心引领长三角城市群发展，带动长江经济带发展。以香港、澳门、广州、深圳为中心引领粤港澳大湾区建设，带动珠江—西江经济带创新绿色发展。以重庆、成都、武汉、郑州、西安等为中心，引领成渝、长江中游、中原、关中平原等城市群发展，带动相关板块融合发展。《意见》提出重点建设的七个城市群分别位于我国的东部、中部和西部，是中国目前最具发展潜力和代表性的城市群，故本书选择以这七个城市群作为研究对象。

各城市群所辖城市参照《京津冀协同发展纲要》《长江三角洲区域一体化发展规划纲要》《粤港澳大湾区发展规划纲要》《中原城市群发展规划》《长江中游城市群发展规划》《关中平原城市群发展规划》《成渝城市群发展规划》中对城市群具体范围的界定。一些城市群的规划范围中包含一些城市的县域局部，由于本书以城市作为基本的研究单位，故在具体选择时将县域单位舍去，并且由于香港、澳门统计口径与内地城市的差异性，本书在对粤港澳大湾区进行研究时，不包含香港和澳门。研究样本中各城市群所辖城市如表5-1所示。

表5-1 七个城市群及所辖城市

城市群	所辖城市
京津冀城市群	北京、天津、石家庄、唐山、邯郸、张家口、保定、沧州、秦皇岛、邢台、廊坊、承德、衡水①
长三角城市群	上海市，江苏省南京、无锡、常州、苏州、南通、扬州、镇江、盐城、泰州，浙江省杭州、宁波、温州、湖州、嘉兴、绍兴、金华、舟山、台州，安徽省合肥、芜湖、马鞍山、铜陵、安庆、滁州、池州、宣城②
粤港澳大湾区	广州、深圳、珠海、佛山、惠州、东莞、中山、江门、肇庆③
中原城市群	河南省郑州、开封、洛阳、平顶山、新乡、焦作、许昌、漯河、鹤壁、商丘、周口，山西省晋城，安徽省亳州④

---

① 中共中央政治局2015年4月30日召开会议，审议通过《京津冀协同发展规划纲要》。
② 依照中共中央、国务院2019年12月1日印发的《长江三角洲区域一体化发展规划纲要》，规划范围包括上海市、江苏省、浙江省、安徽省全域，以上海市，江苏省南京、无锡、常州、苏州、南通、扬州、镇江、盐城、泰州，浙江省杭州、宁波、温州、湖州、嘉兴、绍兴、金华、舟山、台州，安徽省合肥、芜湖、马鞍山、铜陵、安庆、滁州、池州、宣城27个城市为中心区，辐射带动长三角地区高质量发展。
③ 中共中央、国务院于2019年2月印发实施《粤港澳大湾区发展规划纲要》，粤港澳大湾区包括香港特别行政区、澳门特别行政区和广东省广州市、深圳市、珠海市、佛山市、惠州市、东莞市、中山市、江门市、肇庆市。由于香港、澳门统计口径与内地城市的差异性，本书在对粤港澳大湾区进行研究时，不包含香港和澳门。
④ 2016年12月29日，国家发展改革委印发《中原城市群发展规划》（以下简称《规划》），《规划》规定中原城市群以河南省郑州市、开封市、洛阳市、平顶山市、新乡市、焦作市、许昌市、漯河市、济源市、鹤壁市、商丘市、周口市和山西省晋城市、安徽省亳州市为核心发展区。

续表

城市群	所辖城市
长江中游城市群	湖北省武汉、黄石、鄂州、黄冈、孝感、咸宁、襄阳、宜昌、荆州、荆门，湖南省长沙、株洲、湘潭、岳阳、益阳、常德、衡阳、娄底，江西省南昌、九江、景德镇、鹰潭、新余、宜春、萍乡、上饶①
关中平原城市群	西安、铜川、宝鸡、咸阳、渭南、商洛②
成渝城市群	重庆、成都、自贡、泸州、德阳、绵阳、遂宁、内江、乐山、南充、宜宾、广安、资阳、眉山、达州、雅安③

资料来源：相关城市群发展规划文件。

二、中心城市

城市群内中心城市的界定学界并无统一结论，Portnov 和 Schwartz（2009）使用人口规模确定中心城市，将人口规模在 50 万以上的城市作为中心城市。于涛方（2015）从"功能区"视角，根据不同行业门类的就业人口密度，使用主成分分析法进行判定。原倩（2016）从规模标准和经济标准两个方面进行判定，认为中心城市的人口规模应在 150 万以上，经济

---

① 国家发展改革委于 2015 年 4 月 13 日印发《长江中游城市群发展规划》（以下简称《规划》），《规划》中指出长江中游城市群是以武汉城市圈、环长株潭城市群、环鄱阳湖城市群为主体形成的特大型城市群，规划范围包括：湖北省武汉市、黄石市、鄂州市、黄冈市、孝感市、咸宁市、仙桃市、潜江市、天门市、襄阳市、宜昌市、荆州市、荆门市，湖南省长沙市、株洲市、湘潭市、岳阳市、益阳市、常德市、衡阳市、娄底市，江西省南昌市、九江市、景德镇市、鹰潭市、新余市、宜春市、萍乡市、上饶市及抚州市、吉安市的部分县（区）。本书的研究对象不包含抚州市、吉安市的部分县（区）。

② 国家发展改革委、住房城乡建设部于 2018 年 2 月 2 日印发《关中平原城市群发展规划》，规划范围包括陕西省西安、宝鸡、咸阳、铜川、渭南 5 个市、杨凌农业高新技术产业示范区及商洛市的商州区、洛南县、丹凤县、柞水县，山西省运城市（除平陆市、垣曲县）、临汾市尧都区、侯马市、襄汾县、霍州市、曲沃县、翼城县、洪洞县、浮山县，甘肃省天水市及平凉市的崆峒区、华亭县、泾川县、崇信县、灵台县和庆阳市区。本书的研究对象为关中平原的核心区，包括西安市、铜川市、宝鸡市、咸阳市、渭南市、商洛市。

③ 国家发展改革委、住房城乡建设部于 2016 年 4 月 27 日印发《成渝城市群发展规划》，成渝城市群具体范围包括重庆市的渝中、万州、黔江、涪陵、大渡口、江北、沙坪坝、九龙坡、南岸、北碚、綦江、大足、渝北、巴南、长寿、江津、合川、永川、南川、潼南、铜梁、荣昌、璧山、梁平、丰都、垫江、忠县等 27 个区（县）以及开县、云阳的部分地区，四川省的成都、自贡、泸州、德阳、绵阳（除北川县、平武县）、遂宁、内江、乐山、南充、眉山、宜宾、广安、达州（除万源市）、雅安（除天全县、宝兴县）、资阳等 15 个市。本书以城市为研究对象，故不包含县域区域。

体量在其所在省份中排名前两位。王贤斌和吴子谦（2018）基于经济标准来选定中心城市，将经济体量位于城市群首位的城市认定为中心城市。国家和区域相关的城市群发展规划、意见中也明确了核心城市推动外围毗邻城市融合发展的辐射带动功能。Portnov 和 Schwartz（2009）、于涛方（2015）、原倩（2016）、王贤斌和吴子谦（2018）的判定方法从根本上是依据首位原则进行选择，因此该类方法每个城市群只能遴选出一个中心城市，这与已有文献研究中普遍认为城市群的发展方向是多中心城市存在差异性。城市群中心城市的综合影响力覆盖整个区域，形成与发展一般具有复杂的历史和政治背景，而这些因素往往很难使用准确的定量标准来判定和识别。因此，本书不再采用指标计算的方法进行中心城市的选择，而是参照相关政府文件。

《意见》提出以北京、天津为中心引领京津冀城市群发展，以上海为中心引领长三角城市群发展，以香港、澳门、广州、深圳为中心引领粤港澳大湾区建设，以重庆、成都、武汉、郑州、西安等为中心，引领成渝、长江中游、中原、关中平原等城市群发展。各城市群中心城市如表 5-2 所示。

表 5-2　七个城市群中心城市

城市群	中心城市
京津冀城市群	北京、天津
长三角城市群	上海
粤港澳大湾区	香港、澳门、广州、深圳
中原城市群	郑州
长江中游城市群	武汉
关中平原城市群	西安
成渝城市群	重庆、成都

资料来源：中共中央、国务院发布的《关于建立更加有效的区域协调发展新机制的意见》。

一些城市群中除中心城市外，还有一些城市的生产性服务业的集聚程度普遍较高。这些城市一方面受中心城市的辐射和影响，另一方面也对其他外围城市释放较强的影响力，带动区域经济发展，本书将这类城市称为次级中心城市。考虑到在中国政治中心和经济中心高度统一的背景下，各省的省会城市和直辖市通常既是区域的政治中心也是区域的经济中心。因此，将各城市群中没有在《意见》中认定为中心城市的省会城市作为城市群的次级中心城市，具体包括长三角城市群中的南京、杭州、合肥，分别为江苏省、浙江省、安徽省的省会城市；长江中游城市群中的南昌、长沙，分别为江西省和湖南省的省会城市。本书在研究中将中心城市与次级中心城市作为同质性个体进行研究，将城市群中除中心城市和次级中心城市之外的城市作为外围城市。本书的中心城市（含次级中心城市）具体包括15座城市：北京、天津、上海、南京、杭州、合肥、广州、深圳、郑州、武汉、南昌、长沙、西安、重庆、成都。

第二节　城市群内产业分工的演变趋势

本书的目的是不仅要了解城市群整体产业分工的程度，而且要认识城市群中各个城市的产业分工水平，将其分别定义为城市群空间产业分工指数和城市产业分工指数，对七个城市群的产业分工情况进行描述并对比分析。

一、城市群内产业分工的测度方法

Duranton和Puga（2005）最早提出功能空间分工的测算方法，即用城市中管理人员与生产人员的比值相对于全国平均水平的差值来度量。借鉴Duranton等（2005）提出的计算方法，并根据研究需要及我国统计数据的可得性进行了改进，许多学者对中国城市群内产业分工的时序演变和空间特征进行了计算和分析（赵勇等，2012；刘汉初等，2014；马燕坤，2016；苏红键，2017；齐讴歌等，2018；刘胜，2019）。本书同样借鉴Duranton和Puga（2005）的方法对城市群整体产业分工水平和城市群内各城市的产业分工水平进行测度。由于城市群整体产业分工程度反映的是中心城市与外围城市产业的空间分工情况，因此把其称为城市群空间产业分工指数，而把各个城市的产业分工程度称为城市产业分工指数。借鉴齐讴歌等（2014）的产业归类方法，选择城市中的生产性服务业和制造业对城市群和城市的产业分工状况进行计算，生产性服务业包含"交通运输、仓储和邮政业，金融业，房地产业，信息传输、计算机服务业和软件业，租赁和商务服务业，科学研究、技术服务和地质勘查业"，制造业包含"采掘业、制造业、电力及水的生产和供应业"。

其中城市群空间产业分工指数计算公式为：

$$division_u = \frac{\sum_{c=1}^{x} L_{cs} / \sum_{c=1}^{x} L_{cm}}{\sum_{p=1}^{k} L_{ps} / \sum_{p=1}^{k} L_{pm}} \tag{5.1}$$

式（5.1）中，$division_u$ 表示城市群 u 的整体产业分工程度，本书认为城市群整体产业分工程度可采用中心城市生产性服务业与制造业的比值除以外围城市生产性服务业与制造业的比值来表示。式中，c 表示中心城市，p 表示外围城市，x 表示城市群中心城市的个数，k 表示城市群外围城市的个数，L_{cs} 表示中心城市生产性服务业就业人数，L_{cm} 表示中心城市制造业就业人数，L_{ps} 表示外围城市生产性服务业就业人数，L_{pm} 表示外围城市制造业就业人数。$division_u$ 越大，表示城市群中心城市与外围城市之间空间产业分工程度越高。

城市群内各城市产业分工指数的计算公式为：

$$division_i = \frac{L_{is} / L_{im}}{L_{NS} / L_{NM}} \tag{5.2}$$

式（5.2）中，L_{is} 表示城市 i 生产性服务业就业人数，L_{im} 表示城市 i 制造业就业人数，L_{NS} 表示城市 i 所在城市群生产性服务业就业人数，L_{NM} 表示城市 i 所在城市群制造业就业人数。该指标越大，越说明该城市生产性服务业处于优势地位，在城市群中更多地承担生产性服务功能；该指标越小，越说明该城市制造业集聚，在城市群中更多地发挥生产制造功能。

二、城市群空间产业分工指数计算结果

首先从城市群整体角度分析中心城市与外围城市产业分工程度的高

低，采用式（5.1）进行测算。为了比较分析，将七个城市群分为东部城市群和中西部城市群分别进行说明，其中京津冀城市群、长三角城市群、粤港澳大湾区为东部城市群；中原城市群、长江中游城市群、关中平原城市群、成渝城市群为中西部城市群。

图5-1为京津冀城市群、长三角城市群、粤港澳大湾区2003—2018年整体产业分工趋势图。京津冀城市群2003—2018年城市群空间产业分工指数呈波动上升趋势，从2003年的2.46上升到2010年的3.58，然后出现短期的下降后继续上升，在2018年达到3.64。长三角城市群2003—2018年城市群空间产业分工指数呈持续上升态势，并且在2003年之后上升速度明显加快，从2003年的1.90上升到2018年的4.34。粤港澳大湾区2003—2018年城市群空间产业分工指数也呈上升趋势，16年间，城市群空间产业分工指数从2003年的2.30上升为2018年的4.86。从图中可以看出东部城市群整体空间产业分工程度整体呈上升态势，即城市群整体空间产业分工程度均在提升。通过对东部城市群内部进行比较，发现城市群空间产业分工指数最高的是粤港澳大湾区，2013年之前京津冀城市群空间产业分工指数高于长三角城市群，2013年之后长三角城市群空间产业分工指数开始高于京津冀城市群。并且东部城市群整体空间产业分工指数大于中西部城市群，说明东部城市群产业分工的成熟程度要优于中西部城市群。

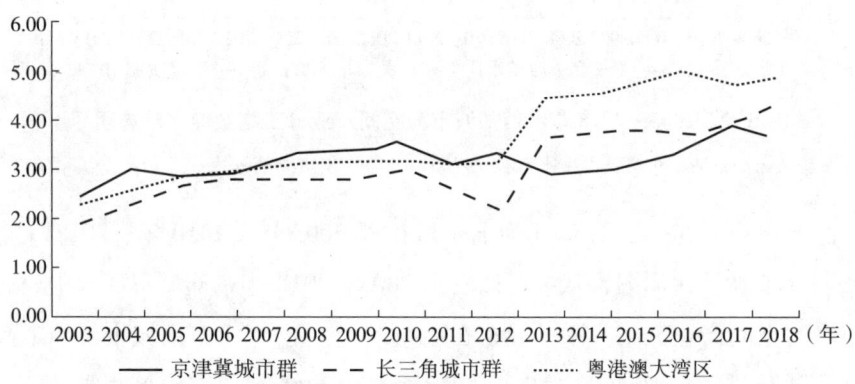

图5-1　2003—2018年东部城市群空间产业分工指数变化趋势图

数据来源：根据《中国城市统计年鉴》（2004—2019）计算所得。

图 5-2 为中西部城市群 2003—2018 年整体空间产业分工趋势图。中西部城市群空间产业分工指数呈上升趋势，但指数大小普遍低于东部城市群。其中关中平原城市群在中西部城市群内空间产业分工指数较高，且指数上升较快。2003—2018 年，关中平原城市群空间产业分工指数变化分为两个阶段，2003 年至 2012 年呈平缓上升的趋势，2003 年为 1.82，2012 年为 2.34；从 2013 年开始进入快速上升阶段之后又有所下降，2018 年为 3.29。中原城市群、成渝城市群、长江中游城市群 2003—2018 年城市群空间产业分工指数的变化基本属于同一种类型，初始时间 2003 年城市群空间产业分工水平较低，2003—2018 年 16 年间呈波动平稳变化趋势。相比 2003 年，2018 年各城市群空间产业分工指数都有所上升，但变化不大。2003 年各城市群空间产业分工指数均为 1.5 左右，2018 年各城市群空间产业分工指数均在 2.44 左右。

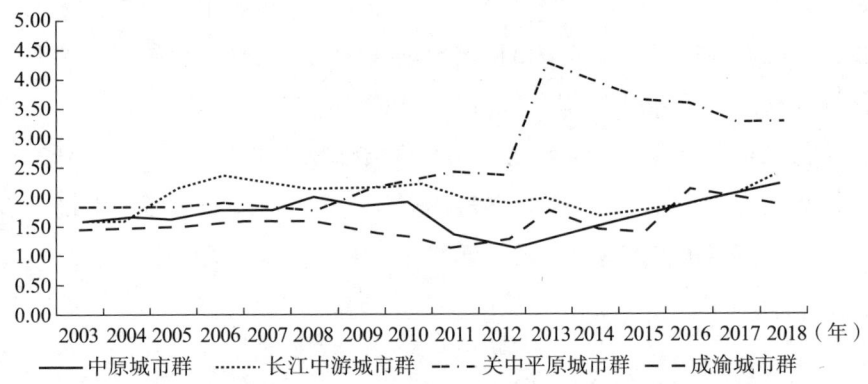

图 5-2　2003—2018 年中西部城市群空间产业分工指数变化趋势图

数据来源：根据《中国城市统计年鉴》（2004—2019）计算所得。

图 5-3、图 5-4、图 5-5 为七个城市群 2003 年、2010 年、2018 年空间产业分工水平柱形图，从中可以看出 2003—2018 年东部城市群与中西部城市群的空间产业分工水平差异也在不断增大。2003 年东部城市群内最高值（京津冀城市群 2.46）为中西部城市群内最低值（成渝城市群 1.47）的 1.67 倍；2010 年东部城市群内最高值（京津冀城市群 3.58）为中西部城市群内最低值（成渝城市群 1.35）的 2.65 倍；2018 年东部城市群内最

高值（粤港澳大湾区 4.86）为中西部城市群内最低值（成渝城市群 1.86）的 2.61 倍。

对各个城市群进行纵向分析，发现七个城市群空间产业分工指数在 2003—2018 年普遍呈上升趋势，即城市群空间产业分工水平均在提高。对七个城市群间进行横向对比，可以看出不同城市群的空间产业分工水平存在较大的差异性，也说明我国城市群之间存在较大的发展差异。

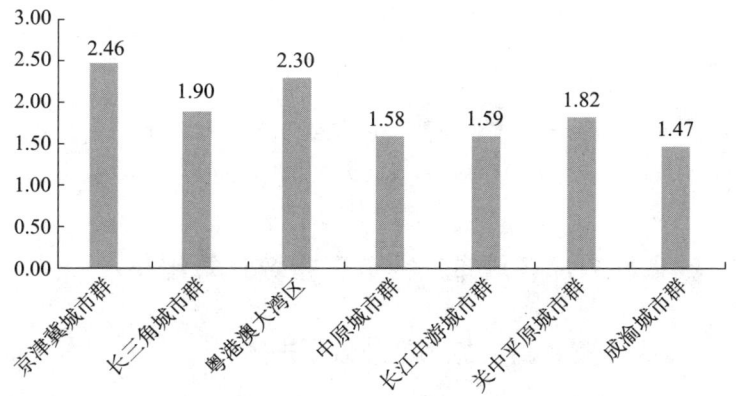

图 5-3　各城市群 2003 年空间产业分工指数

数据来源：根据《中国城市统计年鉴》（2004）计算所得。

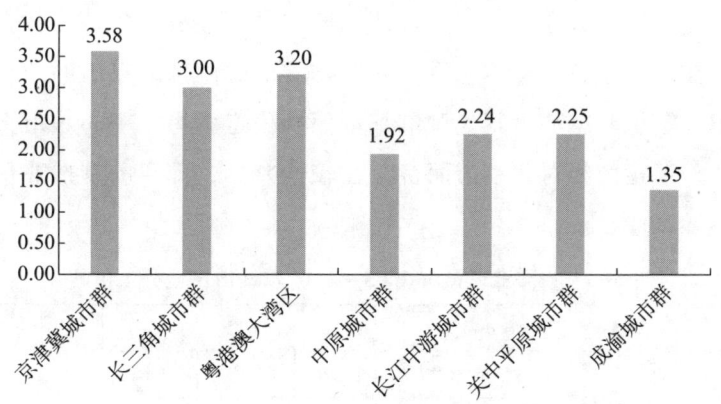

图 5-4　各城市群 2010 年空间产业分工指数

数据来源：根据《中国城市统计年鉴》（2011）计算所得。

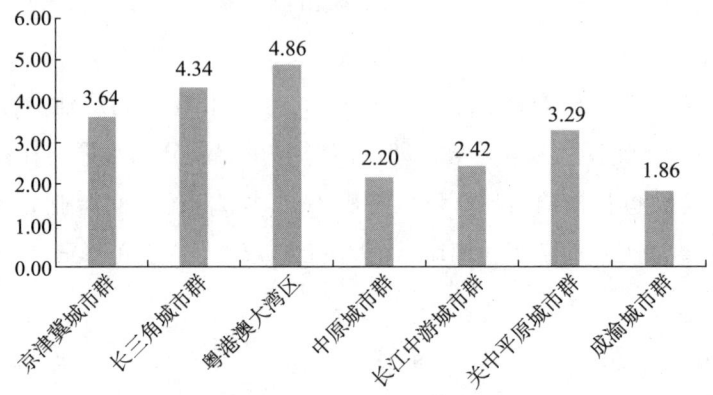

图 5-5　各城市群 2018 年空间产业分工指数

数据来源：根据《中国城市统计年鉴》(2019) 计算所得。

三、城市群内部各城市产业分工指数计算结果

（一）京津冀城市群内城市产业分工指数

从表 5-3 可以看出，京津冀城市群的两大中心城市产业分工指数存在较大差异，北京市产业分工指数在城市群中处于遥遥领先的地位，自 2006 年以来北京市产业分工指数一直在 2 以上，且呈现明显的上升趋势，而天津市的产业分工指数在 0.5 以下。外围城市的产业分工指数多数在 0.5 左右，有的在 0.2 左右。整体来看，京津冀城市群内部北京市的产业分工指数呈现出稳定上升趋势，其他城市基本保持稳定。另一中心城市天津市的城市产业分工指数相对北京市而言存在较大差异，即目前制造业仍然是天津市的主导产业。

表 5-3　京津冀城市群 2003—2018 年城市产业分工指数

城市	2003	2006	2009	2012	2015	2016	2017	2018
北京市	1.82	2.23	2.27	2.62	2.65	2.61	2.51	2.38
天津市	0.53	0.47	0.43	0.35	0.38	0.42	0.49	0.47
石家庄市	0.57	0.57	0.54	0.69	0.71	0.68	0.64	0.66
唐山市	0.34	0.31	0.24	0.25	0.30	0.30	0.26	0.23
邯郸市	0.35	0.37	0.43	0.42	0.34	0.31	0.28	0.32

续表

城市	2003	2006	2009	2012	2015	2016	2017	2018
张家口市	0.44	0.50	0.41	0.48	0.59	0.60	0.53	0.49
保定市	0.66	0.51	0.44	0.40	0.42	0.39	0.41	0.44
沧州市	0.71	0.49	0.54	0.47	0.59	0.57	0.58	0.52
秦皇岛市	1.04	0.96	0.63	0.67	0.66	0.63	0.52	0.45
邢台市	0.51	0.48	0.33	0.28	0.27	0.26	0.29	0.25
廊坊市	0.90	0.65	0.50	0.39	0.39	0.36	0.23	0.32
承德市	0.64	0.55	0.53	0.67	0.77	0.71	0.82	0.68
衡水市	0.81	0.73	0.70	0.56	0.54	0.53	0.65	0.46

数据来源：根据《中国城市统计年鉴》（2004—2019）计算所得。

（二）长三角城市群内城市产业分工指数

表5-4为长三角城市群内各个城市2003—2018年产业分工指数。从表中可以看出城市群内的中心城市和次级中心城市的城市产业分工指数相对较高，上海的产业分工指数从2003年的1.45上升到2018年的2.32，中间出现小量的波动，整体呈上升趋势；南京的产业分工指数低于上海，但明显高于其他城市，产业分工指数从2003年的1.18上升到2018年的2.32，在2012年之前上升较为缓慢，甚至还出现短期的下降，从2013年开始产业分工指数显著上升；杭州的产业分工指数也低于上海，但明显高于其他城市，产业分工指数从2003年的1.41上升到2018年的1.83，其中2005—2008年处于明显的下降阶段，之后开始上升；合肥的产业分工水平2003年为1.44，之后开始逐年上升，2009年达到最高值2.03，之后开始下降，2018年降为1.26，远低于其他中心城市。在这样的变化趋势下，上海、南京、杭州三个城市产业分工指数差异近年来在逐渐缩小，但与合肥的差异在逐渐扩大，这与长三角城市群的发展历史存在相关性。国务院2010年批准的《长江三角洲地域区域规划》将长三角的范围确定为江浙沪。2014年及2016年国务院批准的《国务院关于依托黄金水道推动长江经济带发展的指导意见》及《长江三角洲城市群发展规划》将安徽纳入长江三角洲城市群的范围，规划范围包括上海市和江苏、浙江、安徽三省在

内的 26 市。中共中央、国务院 2019 年 12 月 1 日印发的《长江三角洲区域一体化发展规划纲要》，进一步将长三角城市群中心区的范围扩大为 27 市。由于安徽省内城市地理位置距离中心城市上海市较远以及融入长三角城市群范围的时间较晚，故合肥与其他中心城市相比较，产业分工水平相对较低。外围城市中多数城市的产业分工指数均在 1 以下，整体变化程度比较平缓，只有部分城市的个别年份的产业分工指数超过 1，并且也只是短期现象。

由以上分析可以看出，长三角城市群内各城市间的分工态势明显，生产性服务业在中心城市集聚，制造业分布在外围城市，并且各个中心城市的生产性服务业共同发展。这说明长三角城市群内不仅中心城市与外围城市之间的纵向分工在不断深化，而且中心城市之间、外围城市之间的横向错位发展格局也在逐渐形成。

表 5-4　长三角城市群 2003—2018 年城市产业分工指数

城市	2003	2006	2009	2012	2015	2016	2017	2018
上海市	1.45	2.02	2.05	1.43	2.27	2.21	2.27	2.32
南京市	1.18	1.43	1.27	1.35	1.99	2.08	2.14	2.32
无锡市	0.67	0.73	0.59	0.44	0.41	0.45	0.42	0.41
常州市	0.55	0.71	0.78	0.73	0.53	0.51	0.48	0.48
苏州市	0.42	0.27	0.29	0.33	0.28	0.28	0.28	0.29
南通市	0.53	0.58	0.59	0.66	0.58	0.59	0.59	0.51
盐城市	1.08	0.99	1.03	0.93	0.71	0.77	0.77	0.86
扬州市	0.63	0.67	0.65	0.67	0.59	0.62	0.62	0.58
镇江市	0.83	0.83	0.68	0.68	0.49	0.50	0.67	0.71
泰州市	0.73	0.88	0.85	0.84	0.53	0.57	0.54	0.62
杭州市	1.41	1.29	1.32	1.76	1.75	2.00	1.97	1.83
嘉兴市	0.84	0.29	0.38	0.48	0.40	0.41	0.41	0.41
湖州市	1.48	0.53	0.47	0.63	0.50	0.49	0.50	0.50
舟山市	1.62	2.15	1.88	2.52	1.54	1.54	2.45	2.35

续表

城市	2003	2006	2009	2012	2015	2016	2017	2018
金华市	1.94	2.13	1.22	1.29	1.13	1.21	1.22	0.97
绍兴市	0.88	0.45	0.41	0.48	0.40	0.40	0.39	0.38
温州市	0.77	0.46	0.46	0.82	0.89	0.88	0.92	1.01
台州市	1.45	1.79	0.92	0.82	0.63	0.58	0.53	0.52
宁波市	1.02	0.79	0.74	0.76	0.69	0.73	0.70	0.67
宣城市	0.50	0.85	1.42	1.14	0.80	0.91	0.83	0.64
滁州市	0.89	1.04	1.41	1.52	0.79	0.81	0.61	0.61
池州市	1.44	1.62	2.57	2.26	1.48	1.50	1.40	1.23
合肥市	1.44	1.84	2.03	1.56	1.19	1.21	1.26	1.26
铜陵市	0.39	0.49	0.47	0.44	0.63	0.66	0.62	0.66
马鞍山市	0.33	0.45	0.49	0.69	0.66	0.69	0.75	0.58
芜湖市	0.50	0.79	0.92	0.90	0.71	0.69	0.73	0.66
安庆市	1.09	1.93	1.75	1.77	0.84	0.86	0.87	0.65

数据来源：根据《中国城市统计年鉴》（2004—2019）计算所得。

（三）粤港澳大湾区内城市产业分工指数

表5-5为粤港澳大湾区内各个城市2003—2018年产业分工指数。从表中可以看出，广州市的产业分工指数从2003年的1.53上升到2018年的3.62，基本上呈上升趋势，特别是在2013年之后开始快速上升；深圳市的产业分工指数低于广州市，从2003年的1.19上升到2018年的1.40，其间经历了上升、下降再上升的过程，整体变化幅度不大；外围城市的产业分工指数整体较低，且普遍呈下降趋势，只有珠海市的产业分工指数在逐年上升，并在2018年达到1.08。这说明粤港澳大湾区内中心城市与外围城市的分工格局较为明显而且稳定，广州市和深圳市的生产性服务业集聚程度在不断提高，外围城市制造业集聚程度也在上升。

表 5-5 粤港澳大湾区 2003—2018 年城市产业分工指数

城市	2003	2006	2009	2012	2015	2016	2017	2018
广州市	1.53	1.69	1.72	1.50	3.64	3.73	3.73	3.62
深圳市	1.19	1.27	1.30	1.41	1.31	1.35	1.33	1.40
珠海市	0.44	0.40	0.43	0.46	0.95	0.96	1.01	1.08
佛山市	0.83	0.85	0.69	0.56	0.39	0.38	0.41	0.38
惠州市	0.33	0.25	0.23	0.26	0.44	0.40	0.39	0.39
东莞市	1.21	1.14	0.94	1.30	0.25	0.24	0.25	0.23
中山市	0.63	0.49	0.55	0.54	0.37	0.35	0.36	0.34
江门市	0.68	0.53	0.51	0.36	0.63	0.66	0.69	0.80
肇庆市	0.83	0.75	0.67	0.68	0.57	0.56	0.62	0.57

数据来源：根据《中国城市统计年鉴》（2004—2019）计算所得。

（四）中原城市群内城市产业分工指数

表 5-6 为中原城市群内各个城市 2003—2018 年城市产业分工指数[①]。中心城市郑州产业分工指数呈现先上升后下降的趋势，2003 年为 1.44，之后开始上升，2009 年达到 1.63，之后开始下降，2015 年之后又有所上升，2018 年为 1.74。外围城市产业分工指数绝大多数在 1 以下，部分外围城市产业分工指数大于 1，主要由于该城市的制造业份额相对较小，导致指数偏高。整体来看，中原城市群中心城市郑州市的中心地位较为明显。从城市产业分工指数判断，郑州市目前生产性服务业在城市群中虽具有优势地位，但与东部城市群相比，其优势地位并不十分显著，说明中心城市郑州市不仅是城市群的生产性服务业中心，也是城市群制造业的集聚地，城市群内产业分工目前还在发展阶段。

表 5-6 中原城市群 2003—2018 年城市产业分工指数

城市	2003	2006	2009	2012	2015	2016	2017	2018
晋城市	0.64	0.60	0.55	0.63	0.70	0.63	0.58	0.45
亳州市	1.58	1.55	1.96	2.02	2.58	2.52	2.46	1.69

---

① 由于篇幅有限，表中仅列出部分年份的数据。

续表

城市	2003	2006	2009	2012	2015	2016	2017	2018
郑州市	1.44	1.56	1.63	1.10	1.45	1.59	1.62	1.74
开封市	1.38	1.42	1.93	1.62	0.99	0.77	0.76	1.00
洛阳市	1.16	1.21	1.21	1.40	1.19	1.24	1.20	0.97
平顶山市	0.63	0.65	0.66	0.64	0.72	0.71	0.68	0.61
新乡市	0.69	0.82	0.75	0.95	0.85	0.82	0.82	1.12
焦作市	0.55	0.49	0.62	0.65	0.79	0.72	0.65	0.75
鹤壁市	0.44	0.39	0.36	0.39	0.36	0.43	0.44	0.59
许昌市	0.98	0.94	0.56	0.68	0.66	0.56	0.53	0.46
漯河市	0.88	0.59	0.64	0.55	0.52	0.54	0.47	0.40
商丘市	1.84	1.62	1.21	1.23	1.00	1.10	1.20	1.37
周口市	1.31	1.34	1.69	2.13	0.93	0.86	0.95	0.88

数据来源：根据《中国城市统计年鉴》（2004—2019）计算所得。

（五）长江中游城市群内城市产业分工指数

表5-7为长江中游城市群内各个城市2003—2018年城市产业分工指数。从表中可以看出，中心城市武汉市的城市产业分工指数整体呈上升趋势，从2003年的1.16上升为2018年的2.02，为城市群内最高。在研究期间的初期，两个次级中心城市（南昌市和长沙市）的产业分工指数高于中心城市武汉市，但之后次级中心城市的产业分工指数开始逐渐下降，南昌市2003年城市产业分工指数为1.41，2018年为1.36；长沙市2003年城市产业分工指数为2.00，2018年为1.72，三者的城市产业分工指数差异有相对扩大的态势。在七个城市群中，长三角与长江中游城市群均属于涵盖地域范围较广的城市群。长三角城市群包含一个直辖市及江苏、浙江、安徽三省的部分城市，共27市，长江中游城市群包含江西、湖北、湖南三省的26个城市。通过对比可以看出长三角城市群中上海市、南京市、杭州市的城市产业分工指数差异在逐步缩小，但长江中游城市群中心城市与次级中心城市之间差异还相对较大，作为城市群整体的分工协作状态与长三角城市群还存在不小的差异。外围城市绝大多数城市产业分工指数均小于1，

说明外围城市以制造业为主的生产格局较为稳定。整体来看，城市群中心城市与外围城市间产业分工格局较为明显。

表 5-7　长江中游城市群 2003—2018 年城市产业分工指数

城市	2003	2006	2009	2012	2015	2016	2017	2018
南昌市	1.41	1.94	1.73	1.24	1.13	1.11	1.35	1.36
景德镇市	0.55	0.48	0.64	0.65	0.71	0.74	0.67	0.59
萍乡市	0.52	0.50	0.58	0.63	0.47	0.51	0.55	0.75
九江市	0.95	0.90	0.96	0.74	0.81	0.81	0.72	0.75
新余市	0.61	0.58	0.35	0.33	0.39	0.36	0.40	0.47
鹰潭市	0.55	0.67	1.01	0.72	0.58	0.47	0.54	0.56
宜春市	0.97	0.73	0.93	0.55	0.53	0.54	0.51	0.49
上饶市	1.14	0.99	1.26	0.78	0.80	0.68	0.78	1.09
武汉市	1.16	1.68	1.62	1.59	1.58	1.65	1.78	2.02
黄石市	0.44	0.31	0.41	0.35	0.51	0.55	0.50	0.45
荆州市	1.01	0.67	0.59	0.91	0.80	0.91	0.86	0.92
宜昌市	1.00	0.77	0.77	1.69	0.85	0.82	0.80	0.77
襄阳市	0.72	0.71	0.76	0.63	0.75	0.66	0.76	0.64
鄂州市	0.69	0.53	0.53	0.38	0.46	0.55	0.43	0.40
荆门市	0.78	0.66	0.44	0.56	0.56	0.58	0.58	0.46
孝感市	0.77	0.67	0.61	0.66	0.65	0.64	0.63	0.57
黄冈市	1.52	1.52	1.23	0.98	0.43	0.41	0.81	0.56
咸宁市	0.94	0.66	0.98	0.71	1.03	1.05	0.99	2.45
长沙市	2.00	1.65	1.50	1.58	1.58	1.83	1.55	1.72
株洲市	0.78	0.62	0.70	0.77	0.89	0.87	0.83	0.78
湘潭市	0.62	0.56	0.72	0.77	3.68	3.08	1.03	1.07
衡阳市	0.92	1.03	0.85	0.89	1.12	1.18	1.06	1.00
岳阳市	0.94	0.81	0.97	0.88	1.17	1.28	1.47	0.81
常德市	1.49	1.05	0.96	1.27	1.59	1.78	1.60	1.68
益阳市	1.64	1.80	1.17	1.47	1.43	1.36	1.39	1.50
娄底市	1.12	0.77	0.88	0.62	0.84	0.86	0.87	0.97

数据来源：根据《中国城市统计年鉴》(2004—2019) 计算所得。

(六)关中平原城市群内城市产业分工指数

表5-8为关中平原城市群内各个城市2003—2018年城市产业分工指数。中心城市西安市产业分工指数呈平稳上升趋势,且与外围城市的产业分工指数存在较大差距。中心城市西安市2003年城市产业分工指数为1.30,2018年城市产业分工指数为1.53,外围城市产业分工指数普遍小于1,且呈下降态势。作为典型的单中心城市群,西安与外围城市的产业分工格局较为明显。与东部城市群相比,中心城市产业分工指数相对较低,即中心城市生产性服务业地位虽然凸显,但制造业的占比与东部中心城市相比仍然相对较高。

表5-8 关中平原城市群2003—2018年城市产业分工指数

城市	2003	2006	2009	2012	2015	2016	2017	2018
西安市	1.30	1.31	1.35	1.37	1.63	1.61	1.52	1.53
铜川市	0.45	0.43	0.52	0.44	0.39	0.45	0.46	0.48
宝鸡市	0.73	0.61	0.59	0.47	0.34	0.33	0.33	0.32
咸阳市	0.61	0.70	0.62	0.54	0.38	0.38	0.43	0.44
渭南市	0.73	0.65	0.56	0.60	0.58	0.58	0.55	0.54
商洛市	1.73	1.93	1.60	1.69	0.86	0.89	0.91	0.93

数据来源:根据《中国城市统计年鉴》(2004—2019)计算所得。

(七)成渝城市群内城市产业分工指数

表5-9为成渝城市群内各个城市2003—2018年城市产业分工指数。中心城市为重庆市和成都市,但两者的产业分工指数呈现不同的变化态势。重庆市产业分工指数呈下降态势,2003年为1.13,2013年降为0.92,之后一直低于1,2018年为0.86,说明相对于生产性服务业,重庆市制造业在城市群的优势更加明显;另一中心城市成都市的城市产业分工指数2003—2018年呈现先上升后下降再上升的阶段性变化,2003年为1.26,2018年为1.42,在城市群的中心地位较为明显。外围城市多数城市产业分工指数均小于1,且呈下降的态势,说明相对于生产性服务业,外围城市制造业的增长较快。与中西部其他城市群内的外围城市相似,个别城市产

业分工指数大于1，主要原因是这些城市的制造业发展相对薄弱，导致城市产业分工指数偏高，并不是城市群生产性服务业的集聚区。成渝城市群内中心城市虽然生产性服务业在群内具有相对优势，但是生产性服务业与制造业处于共同发展的态势。群内产业分工格局虽已显现，但还处于分工的初期，分工格局有待进一步深化。

表5-9 成渝城市群2003—2018年城市产业分工指数

城市	2003	2006	2009	2012	2015	2016	2017	2018
重庆市	1.13	1.05	1.11	1.08	0.88	0.84	0.93	0.86
成都市	1.26	1.44	1.22	0.96	1.50	1.58	1.40	1.42
自贡市	0.70	0.68	0.88	1.30	1.10	0.83	0.93	1.13
泸州市	1.12	1.05	0.95	1.07	0.96	0.76	0.80	1.46
德阳市	0.71	0.56	0.60	0.55	0.56	0.37	0.37	0.36
绵阳市	0.93	0.87	0.81	0.90	1.00	0.88	0.87	0.84
遂宁市	0.82	0.95	0.80	0.99	0.67	0.29	0.50	0.58
内江市	0.70	0.57	0.78	0.68	0.53	0.40	0.51	0.52
乐山市	0.49	0.46	0.48	0.57	0.47	0.45	0.51	0.61
南充市	1.82	2.06	2.74	1.95	0.97	0.79	0.87	1.09
宜宾市	0.52	0.59	0.52	0.40	0.52	0.40	0.39	0.37
广安市	1.59	1.78	1.67	1.78	1.54	1.17	0.47	0.44
达州市	1.02	1.09	1.21	1.54	0.89	0.62	0.56	0.54
资阳市	0.84	1.09	0.93	0.84	0.97	1.07	1.22	0.88
眉山市	0.74	0.57	0.50	0.59	0.44	0.36	0.38	0.44
雅安市	0.84	1.10	1.14	0.93	0.86	0.67	0.89	0.83

数据来源：根据《中国城市统计年鉴》（2004—2019）计算所得。

对比分析东部城市群和中西部城市群内部各城市产业分工发展情况，可以看出东部城市群与中西部城市群内产业分工情况既有共同点也有不同点。共同点是：无论东部城市群还是中西部城市群，城市群空间产业分工指数在2003—2018年普遍呈上升趋势，即城市群空间产业分工水平均在提高，中心城市与外围城市分工协作的发展趋势明显。不同点是：东部城市群与中西部城市群内的产业分工现状存在较大差异。东部城市群内中心城市生产性服务业集聚态势明显，中心城市的产业分工指数远高于外围城市，即使是多中心城市群，中心城市生产性服务业的核心地位明显并且稳定，城市群内的产业分工态势基本形成并且较为稳定。中西部城市群的产业分工发展程度明显落后于东部城市群，具体表现在以下两个方面：一是中西部城市群中心城市产业分工指数较低，说明中西部城市群中心城市的生产性服务集聚程度偏低，部分中心城市的制造业占比仍然较高；二是中西部城市群多中心的城市空间体系并不成熟，中心城市的中心服务功能较弱，并未像长三角城市群那样各中心城市共同发展，中心城市之间的发展差异较大，产业分工定位不清晰。

第三节 城市群内区域差异的演变趋势

地区发展不平衡不仅是世界各国经济发展过程中的一个普遍性问题，同时也是中国经济发展过程中需要予以重点关注的区域问题。研究并解决区域发展不平衡问题的出发点是测算不平衡以及对其进行分解，其中，测算的目的是对区域发展不平衡进行度量，分解的目的则是深入发掘区域发展不平衡的构成及来源。已有关于城市群内部差异的研究，多是从城市群协同发展角度或是中心和外围之间的角度对城市群内的区域差异进行研究。本节借鉴泰尔指数对区域差异的分解思路，认为城市群内区域差异应从三个空间层次进行分析：城市群内部总体空间差异；中心和外围间的区域差异；外围城市间的区域差异。本节采用相关计算方法，对七个城市群内部的三类区域差异分别进行描述。

一、城市群内部总体空间差异

（一）城市群内部绝对差异仍在扩大

图 5-6 和图 5-7 为各城市群 2003—2018 年人均 GDP 极差[①]和标准

[①] 极差是最大值与最小值之间的差距，即最大值减最小值后所得的数据。

差①，极差和标准差的变动轨迹大体吻合，说明各城市群内部绝对差异仍在不断扩大。图 5-6 显示 2003—2018 年各城市群内部人均 GDP 极差的变化趋势。2003 年关中平原城市群人均 GDP 极差最小，为 9045 元；长三角城市群人均 GDP 极差最大，为 42817 元。2018 年仍是关中平原城市群人均 GDP 极差最小，为 52105 元；粤港澳大湾区人均 GDP 极差最大，为 136301 元。相对而言，东部城市群内部的绝对差异要大于中西部。京津冀城市群、长三角城市群、粤港澳大湾区内部的人均 GDP 极差一直位于前三位。图 5-7 显示 2003—2018 年各城市群内部人均 GDP 标准差的变化趋势。2003 年，关中平原城市群人均 GDP 标准差最小，为 3102 元；粤港澳大湾区最大，为 14464 元。2018 年，成渝城市群人均 GDP 标准差最小，为 18681 元；粤港澳大湾区最大，为 45678 元。与极差相一致，仍是东部城市群内部的绝对差异大于中西部城市群。

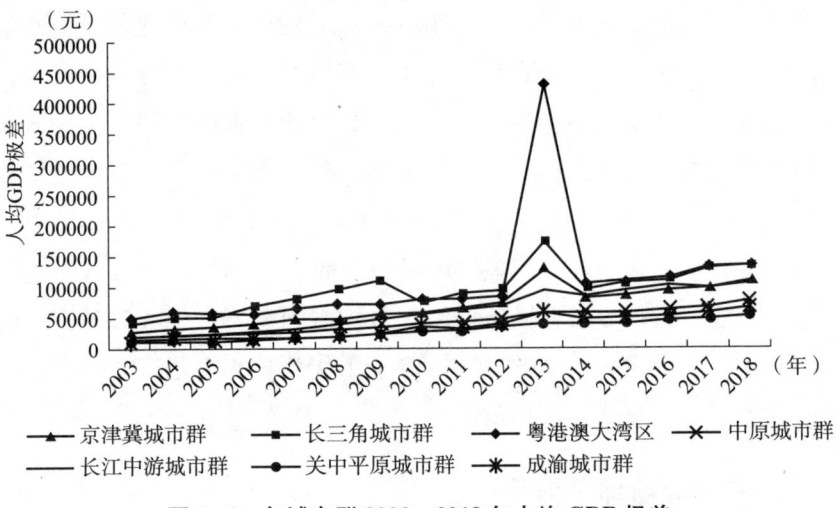

图 5-6　各城市群 2003—2018 年人均 GDP 极差

数据来源：根据《中国城市统计年鉴》（2004—2019）计算所得。

---

① 标准差是总体各单位标准值与其平均数离差平方的算术平均数的平方根，它反映组内个体间的离散程度。

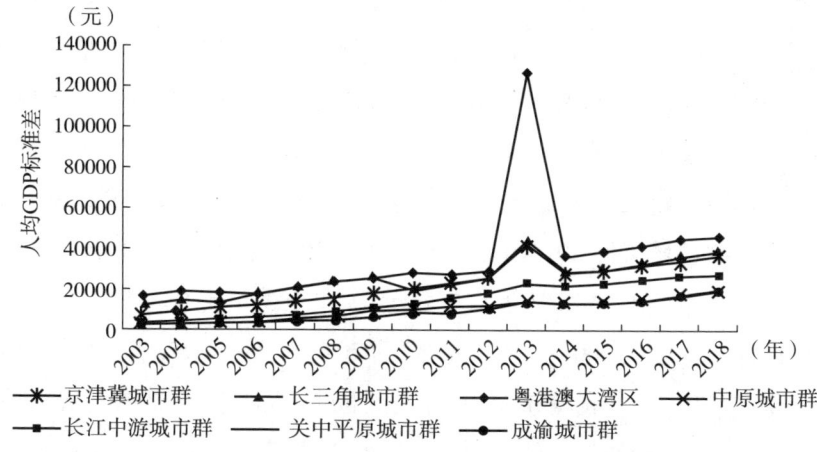

图 5-7　各城市群 2003—2018 年人均 GDP 标准差

数据来源：根据《中国城市统计年鉴》（2004—2019）计算所得。

（二）城市群内部相对差异不断缩小

近年来，基于省级层面的多数研究均认为随着国家区域协调发展总体战略的实施，中国地区发展差异有所缩小，但对于城市群的相关研究较少。本节使用人均 GDP 加权变异系数①和泰尔指数②对城市群内部相对差异进行描述，并对城市群内部经济发展的趋同与趋异情况进行分析。

1. 各城市群内部相对差异变化趋势分析

图 5-8 和图 5-9 为各城市群 2003—2018 年人均 GDP 加权变异系数和泰尔指数变动趋势图。由图中可以看出，人均 GDP 加权变异系数和泰尔指数变动轨迹大体吻合，各城市群的人均 GDP 加权变异系数和泰尔指数总体

---

①　人均 GDP 加权变异系数由美国经济学家威廉姆逊（Williamson，1965）提出，采用各地区人口进行加权，计算公式为：$CV = \frac{1}{\bar{x}}\sqrt{\sum_{i=1}^{n}(x_i-\bar{x})^2 \times \frac{p_i}{p}}$，其中 x_i 表示第 i 个个体的人均 GDP，$\bar{x}$ 表示所有个体的人均 GDP，p_i 表示第 i 个个体的人口数，p 为所有个体的总人数。该指标越大，说明各城市间的区域差异越大，该指标越小，说明各城市间的区域差异越小。

②　泰尔指数由泰尔利用信息理论中的熵概念来计算收入不平等而得名，常用来衡量个人之间或地区之间的收入差异。$T = \sum_{i=1}^{n} y_i/y \times \log((y_i/y)/(p_i/p))$，其中 y_i 为第 i 个区域的经济投入或产出量，p_i 为第 i 个区域的人口总量，y 为区域的经济投入或产出量，p 为区域人口总量。该指标同样是越大说明地区间差异越大，越小说明地区间差异越小。

呈下降态势。除长江中游城市群和京津冀城市群外，各城市群2018年的人均GDP加权变异系数和泰尔指数均低于2003年，说明无论东部城市群还是中西部城市群，整体协同发展程度在逐渐提高，即城市群内部相对总体空间差异正在逐渐缩小。

东部城市群内长三角城市群和粤港澳大湾区内部总体空间差异均呈下降趋势，京津冀城市群2018年的总体空间差异要略高于2003年。

京津冀城市群人均GDP加权变异系数，2003年为0.5653，2018年为0.5728；泰尔指数从2003的0.0561降到2018年的0.0272。从相对指标的计算结果来看，京津冀城市群内的地区间总体经济发展相对差异仍然较大。

长三角城市群下降幅度最大，是我国目前城市群内总体经济发展相对差异最小的城市群。长三角城市群的人均GDP加权变异系数从2003年的0.5975降到2018年的0.3272；泰尔指数从2003年的0.0762降到2018年的0.0248。

粤港澳大湾区2003年的人均GDP加权变异系数和泰尔指数均是最低，后期也呈下降趋势。人均GDP加权变异系数从2003年的0.4353降到2018年的0.3373；泰尔指数从2003年的0.0463降到2018年的0.0263。

中西部城市群内，除长江中游城市群外，总体空间差异均呈下降态势。

中原城市群人均GDP加权变异系数2003年为0.5169，2018年为0.4477；泰尔指数2003年为0.0536，2018年为0.0409，虽然从自身来看差异也呈缩小态势，但一直是中西部城市群内地区间发展相对差异较大的地区。

长江中游城市群人均GDP加权变异系数2003年为0.4994，2018年为0.5119；泰尔指数2003年为0.0477，2018年为0.0522，与样本研究初期相比，地区相对差异有所扩大，同时也是中西部城市群中内部相对差异最高的城市群。

关中平原城市群和成渝城市群的指标轨迹较为相似，均呈波动下降趋势。关中平原城市群人均GDP加权变异系数2003年为0.4727，2018年为

0.3557；泰尔指数2003年为0.0477，2018年为0.0522，城市群内地区间相对差异整体下降。成渝城市群人均GDP加权变异系数2003年为0.5553，2018年为0.3578；泰尔指数2003年为0.0561，2018年为0.0272，城市群内地区间相对差异也呈整体下降趋势。

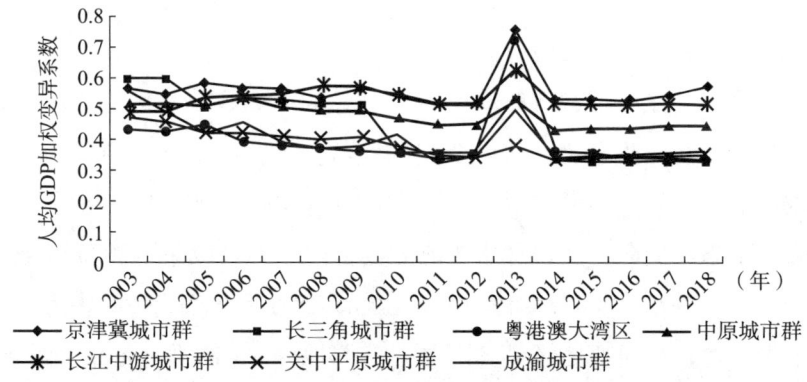

图5-8　各城市群2003—2018年人均GDP加权变异系数

数据来源：根据《中国城市统计年鉴》（2004—2019）计算所得。

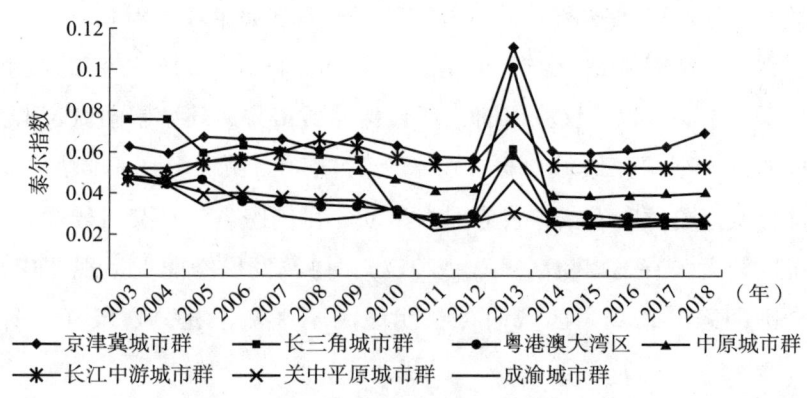

图5-9　各城市群2003—2018年泰尔指数

数据来源：根据《中国城市统计年鉴》（2004—2019）计算所得。

2. 城市群内部经济发展趋同与趋异分析

上文使用泰尔指数和人均GDP加权变异系数对各城市群内部总体经济发展的相对差异进行计算，人均GDP加权变异系数同样是α趋同的计算指标。α趋同是指各国或各地区人均收入水平的差异随时间推移而趋于缩小[①]。α趋同检验的标准是：如果加权变异系数值构成的时间序列是递减的，则表明区域经济增长发生了α趋同，即地区间的经济发展差异在不断缩小。七个城市群的计算结果显示：长三角城市群、粤港澳大湾区、中原城市群、关中平原城市群、成渝城市群在2003—2018年均表现为α趋同，京津冀城市群和长江中游城市群则表现为经济发展趋异。

京津冀和长江中游城市群呈现经济趋异的原因各不相同。京津冀城市群经济发展趋异主要是北京作为全国的经济、政治、文化、科技中心，对外围城市的虹吸效应过强（朱虹等，2012）。同时外围地区对北京负有保护水源和生态的使命，国家对这些地区实行限制开发政策。2005年亚洲开发银行调研发现在河北省环绕京津的区域有25个贫困县、200多万贫困人口，集中连片，与西部地区最贫困的"三西地区"（定西、河西、西海固）相比，处在同一发展水平，有的指标甚至更低，在报告中提出了"环京津贫困带"的概念。2020年伴随着京津冀协同发展国家战略实施和国家脱贫攻坚战的实施，河北省27个环京津贫困县全部脱贫摘帽，但相对发展差异依然较大。长江中游城市群是一个跨越江西、湖北、湖南三省的城市群，是以武汉为中心，以武汉城市圈、环长株潭城市群、环鄱阳湖城市群为主体形成的特大型国家级城市群。由于三省辖区内城市分属不同的行政区域，部分城市更倾向于在省域范围内活动，目前跨省沟通交流较少，协调发展难度较大（谷玉辉和吕霁航，2017），协调发展空间上呈现"中部凸出，外围凹陷"格局，区域内存在明显的不平衡不充分现象（肖谷等，2020）。

二、中心和外围间的区域差异

本节主要研究中心城市与外围城市的地区间差异，采用中心城市人均GDP除以外围城市人均GDP，外围城市人均GDP采用各外围城市人均

[①] 趋同为四种不同类型：α趋同、绝对β趋同、条件β趋同和俱乐部趋同，本书主要研究分工与区域差异之间的关系，故仅对分工与α趋同之间的关系进行研究，不再对其他三种类型的趋同进行分析。

GDP 均值来表示，计算方法为：

$$gap_{cp} = \frac{pgdp_c}{pgdp_p} \quad (5.3)$$

其中，c 和 p 分别为中心城市和外围城市，$pgdp_p$ 表示外围城市的人均 GDP，$pgdp_c$ 为中心城市的人均 GDP。

表 5-10 为各城市群 2003—2018 年中心城市和外围城市之间人均 GDP 比值，计算结果显示，不同城市群内中心城市和外围城市间的区域差异走势存在较大的差异性，同一城市群内不同中心城市和外围城市间的区域差异走势也不相同。

京津冀城市群内，北京市与外围城市之间的区域差异呈现出波动式变化。中间部分年份中心和外围间的区域差异超越 2003 年，2018 年两者之间的差异值为 2.98，高于 2003 年的 2.95，说明北京市与外围城市之间的区域差异并未下降。并且在样本研究期间，两者之间的差异一直居于全国最高水平。天津市与外围城市之间的区域差异低于北京市，但整体也处于上升水平。

长三角城市群内，不同中心城市与外围城市之间的区域差异存在一定的差异性。上海市与外围城市之间的区域差异整体下降，2003 年为 2.50，2018 年下降为 1.39；南京市与外围城市之间的区域差异有所上升，2003 年为 1.46，2018 年扩大为 1.57；杭州市与外围城市之间的区域差异也逐年下降，2003 年为 1.76，2018 年下降为 1.44；合肥市为安徽省的经济中心，安徽省经济发展水平与上海市、江苏省、浙江省相比存在一定的差异，故合肥市的人均 GDP 一直以来低于长三角城市群外围城市的均值，计算结果一直低于 1，但随着时间的推移，差异逐年缩小，2018 年达到均值水平。横向对比来看，长三角城市群为目前中心城市和外围城市之间的区域差异最小的城市群。

粤港澳大湾区内，广州市与外围城市间的区域差异先上升后下降，2003 年为 1.37，2005 年达到最高值为 2.31，2018 年下降为 1.56；深圳市与外围城市之间的区域差异也是先上升后下降，2003 年为 1.54，2005 年达到最高值为 2.03，2018 年下降为 1.90。

成渝城市群内，重庆市、成都市与外围城市间的区域差异的变化并不相同。重庆市2003—2007年与外围城市间的区域差异有所下降，之后开始上升，从2008年的1.35上升为2018年的1.56；成都市与外围城市间的区域差异处于下降趋势，2003年为3.34，2018年为2.24。

长江中游城市群内，南昌、武汉、长沙三市与外围城市间的区域差异变化各异。南昌市与外围城市间的区域差异先上升后下降，武汉市与外围城市间的区域差异整体处于下降趋势，长沙市与外围城市间的区域差异整体呈上升趋势。

中原城市群内，郑州市与外围城市间区域差异呈现出波动变化趋势。相比2003年，2018年中心和外围间的区域差异有所下降。

关中平原城市群内，西安市与外围城市间的区域差异整体呈下降趋势，2003年为2.35，2018年为1.92。

图5-10为2003—2018年北京市和上海市与外围城市之间人均GDP比值曲线图，可以看到北京与上海的曲线存在较大的差异性。北京与外围城市间的区域差异的扩大主要是因为由于国家的政策倾向，优质资源大量流入北京，在带来北京高速增长的同时，相对限制了周围城市的发展，或受到北京的溢出效应相对较小。并且政府在京津冀城市群资源配置中发挥着更大作用，加上外围中小城市发展水平较低，产业基础相对薄弱，北京和外围中小城市的产业关联不强，作用更多地表现为虹吸效应，和外围中小城市的规模差异在持续拉大。得益于开放经济的发展，长三角城市群参与全球产业分工的深度和市场化的程度也更高，因而能在城市群内部形成较强的产业关联，外围中小城市获得中心城市更大的辐射效应，表现为中心城市上海和外围中小城市之间区域差异逐渐缩小。

表5-10 各城市群2003—2018年中心和外围之间人均GDP比值

城市	2003	2004	2005	2006	2007	2008	2009	2010	2011	2012	2013	2014	2015	2016	2017	2018
北京市	2.95	2.83	3.07	2.99	2.97	2.67	2.84	2.65	2.42	2.40	3.88	2.52	2.59	2.53	2.81	2.98
天津市	2.44	2.41	2.42	2.44	2.35	2.35	2.53	2.54	2.53	2.56	3.75	2.65	2.62	2.46	2.59	2.57
上海市	2.50	2.43	2.01	1.86	1.80	1.74	1.73	1.51	1.44	1.36	1.95	1.33	1.38	1.42	1.38	1.39

续表

城市	2003	2004	2005	2006	2007	2008	2009	2010	2011	2012	2013	2014	2015	2016	2017	2018
南京市	1.46	1.45	1.60	1.49	1.45	1.44	1.47	1.27	1.33	1.41	1.61	1.47	1.57	1.55	1.56	1.57
杭州市	1.76	1.71	1.75	1.67	1.42	1.68	1.38	1.39	1.40	1.42	1.53	1.42	1.49	1.52	1.49	1.44
合肥市	0.57	0.59	0.74	0.75	0.76	0.82	0.91	1.09	0.85	0.88	0.85	0.93	0.97	0.98	0.98	1.00
广州市	1.37	1.37	2.31	1.80	1.73	1.71	1.73	1.72	1.59	1.64	1.34	1.69	1.68	1.63	1.58	1.56
深圳市	1.54	1.44	2.03	1.98	1.92	1.89	1.80	1.77	1.80	1.91	3.39	1.96	1.95	1.93	1.92	1.90
重庆市	1.49	1.39	1.42	1.39	1.32	1.35	1.53	1.50	1.48	1.48	1.54	1.52	1.56	1.60	1.62	1.56
成都市	3.34	3.00	2.53	2.81	2.39	2.31	2.35	2.64	2.09	2.19	3.14	2.22	2.21	2.13	2.21	2.24
南昌市	1.79	1.80	2.14	2.17	2.07	1.98	1.89	1.69	1.64	1.61	1.72	1.60	1.62	1.61	1.68	1.66
武汉市	2.68	2.61	2.51	2.48	2.42	2.42	2.44	2.28	2.11	2.17	2.89	2.23	2.22	2.20	2.28	2.35
长沙市	1.85	1.88	2.29	2.32	2.29	2.51	2.70	2.57	2.46	2.46	2.84	2.45	2.47	2.45	2.40	2.38
郑州市	2.31	2.27	2.26	2.28	2.11	2.04	2.09	2.03	1.98	1.98	2.18	2.00	2.03	2.05	2.10	2.12
西安市	2.35	2.28	2.09	2.07	2.02	1.98	2.05	1.95	1.86	1.81	1.93	1.82	1.83	1.84	1.83	1.92

数据来源：根据《中国城市统计年鉴》(2004—2019) 计算所得。

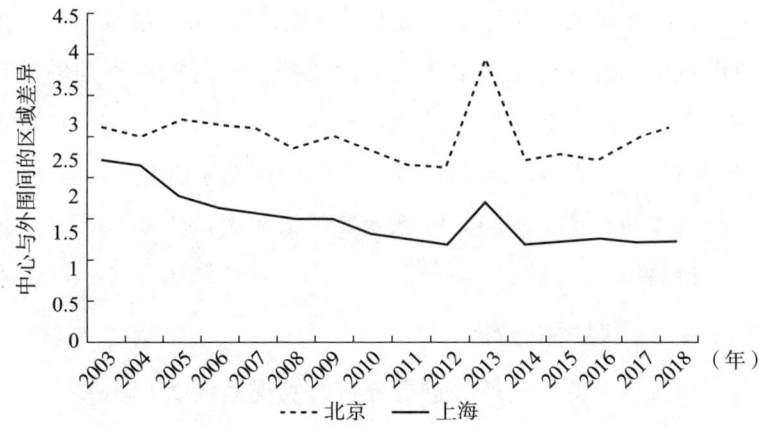

图 5-10　2003—2018 年北京和上海与外围城市人均 GDP 比值

数据来源：根据《中国城市统计年鉴》(2004—2019) 计算所得。

三、外围城市间的区域差异

泰尔指数具有把整体差异分解成组间差异与组内差异的特性，被广泛应用于区域整体差异以及区域间差异的实证研究。本书借鉴泰尔指数的分解方法，对外围城市内的区域差异进行研究。将城市群内各城市分为中心城市和外围城市两组，分别计算中心城市和外围城市之间的组间差异以及各组内部差异。由于部分城市群内只有一个中心城市，如中原城市群以及关中平原城市群，故对于单中心城市，不再利用泰尔指数进行分解。分解结果如表5-11、表5-12、表5-13、表5-14、表5-15所示。

（一）基于泰尔指数数值的分析

从中心和外围间的指标变化趋势来看，京津冀城市群中心和外围间的区域差异在持续扩大；长三角城市群中心和外围间的区域差异在持续缩小；珠三角城市群中心和外围间的区域差异先扩大后缩小；长江中游城市群中心和外围间的区域差异先扩大后缩小之后又有所上升；成渝城市群的波动变化，与前文的计算结果基本一致。各城市群中心城市内部的区域差异整体下降，只有珠三角城市群中心城市内部的区域差异波动变化。

从外围城市间的区域差异的指标变化趋势来看，京津冀城市群、长江中游城市群外围城市间的区域差异先扩大后缩小，长三角城市群、粤港澳大湾区外围城市间的区域差异整体呈下降趋势。将外围城市间的区域差异的泰尔指数进行横向对比，发现虽然长三角城市的整体泰尔指数最低，但其外围城市间的区域差异的泰尔指数明显高于其他城市群。以2018年的数据为例，长三角城市群外围间的区域差异的泰尔指数为0.020750，为几个城市群内的最高值。

（二）基于贡献率的分析

对各指标贡献率的变动情况进行分析，发现呈现以下特点：

第一，除长三角城市群外，各城市群中心和外围间的区域差异的贡献率均在上升，即中心和外围间的区域差异是城市群内部差异形成的主要原因。以2018年的数据为例，京津冀城市群中心和外围间的区域差异的贡献率为82.16%，为最高值；珠三角城市群为64.57%；而长三角城市群仅为11.11%。

第二，中心内部区域差异的贡献率普遍较小，且均呈下降趋势。主要原因是泰尔指数的分解计算结果与区域所包含的个体数量具有一定关系，一般来说个体数量越多，内部差异贡献率就越大，个体数量越少，内部差异贡献率就越小。与外围城市相比，中心城市数量较少，相对贡献率也就偏小。

第三，长三角城市群外围城市间区域差异的贡献率相对较高。除长三角城市群外，外围城市间的区域差异的贡献率均低于中心和外围的贡献率但高于中心内部的贡献率。以 2018 年的数据为例，成渝城市群外围城市间的贡献率最低，为 12.33%，而长三角城市群外围城市间的贡献率为 83.58%，且 2003—2018 年，该数值一直上升。这说明长三角城市群内部区域差异主要是由外围城市间的区域差异构成的。

从泰尔指数的数值来看，各城市群外围城市间的泰尔指数整体下降，长三角城市群在整体泰尔指数最低的前提下，其外围城市间区域差异的泰尔指数明显高于其他城市群；从贡献率来看，不同城市群的贡献率存在较大的差异性，外围城市间的区域差异是长三角城市群内部区域差异形成的主要原因，其余城市群则主要表现为中心和外围间的区域差异。

表 5-11 京津冀城市群的泰尔指数及贡献率

年份	城市群总体	中心和外围之间		中心内部		外围城市间	
	泰尔指数	泰尔指数	贡献率（%）	泰尔指数	贡献率（%）	泰尔指数	贡献率（%）
2003	0.063646	0.0498654	78.35	0.000856	1.35	0.012924	20.31
2004	0.059954	0.0465815	77.70	0.000611	1.02	0.012761	21.29
2005	0.068447	0.0540843	79.02	0.001463	2.14	0.012899	18.85
2006	0.067109	0.0527375	78.59	0.001074	1.60	0.013298	19.82
2007	0.066718	0.0514173	77.07	0.001400	2.10	0.013901	20.84
2008	0.061815	0.0447164	72.34	0.000423	0.68	0.016676	26.98
2009	0.067781	0.0515176	76.01	0.000384	0.57	0.015879	23.43
2010	0.063287	0.0477293	75.42	0.000043	0.07	0.015515	24.51
2011	0.058663	0.0422393	72.00	0.000050	0.09	0.016373	27.91
2012	0.058049	0.0421732	72.65	0.000112	0.19	0.015763	27.16
2013	0.111702	0.0938385	84.01	0.000038	0.03	0.017829	15.96

续表

年份	城市群总体	中心和外围之间		中心内部		外围城市间	
	泰尔指数	泰尔指数	贡献率(%)	泰尔指数	贡献率(%)	泰尔指数	贡献率(%)
2014	0.061374	0.046822	76.29	0.000077	0.13	0.014475	23.59
2015	0.059894	0.0474769	79.27	0.000006	0.01	0.012412	20.72
2016	0.061133	0.0486846	79.64	0.000022	0.04	0.012427	20.33
2017	0.063398	0.0520448	82.09	0.000195	0.31	0.011157	17.60
2018	0.069961	0.0574805	82.16	0.000677	0.97	0.011803	16.87

数据来源：根据《中国城市统计年鉴》（2004—2019）计算所得。

表5-12 长三角城市群的泰尔指数及贡献率

年份	城市群总体	中心和外围之间		中心内部		外围城市间	
	泰尔指数	泰尔指数	贡献率(%)	泰尔指数	贡献率(%)	泰尔指数	贡献率(%)
2003	0.076243	0.016508	21.65	0.012458	16.34	0.047277	62.01
2004	0.076306	0.015934	20.88	0.011486	15.05	0.048886	64.07
2005	0.059725	0.013093	21.92	0.005598	9.37	0.041035	68.71
2006	0.064023	0.010711	16.73	0.004847	7.57	0.048466	75.70
2007	0.061137	0.008496	13.90	0.004490	7.34	0.048150	78.76
2008	0.059527	0.009170	15.40	0.003578	6.01	0.046779	78.58
2009	0.056490	0.007656	13.55	0.002853	5.05	0.045981	81.40
2010	0.030865	0.004178	13.54	0.000845	2.74	0.025842	83.73
2011	0.028774	0.002602	9.04	0.002157	7.50	0.024015	83.46
2012	0.029205	0.002401	8.22	0.001706	5.84	0.025098	85.94
2013	0.063177	0.009884	15.65	0.005671	8.98	0.047622	75.38
2014	0.026202	0.002448	9.34	0.001460	5.57	0.022294	85.09
2015	0.025441	0.002822	11.09	0.001545	6.07	0.021074	82.83
2016	0.025478	0.003371	13.23	0.001551	6.09	0.020556	80.68
2017	0.025945	0.002786	10.74	0.001499	5.78	0.021659	83.48
2018	0.024827	0.002758	11.11	0.001320	5.31	0.020750	83.58

数据来源：根据《中国城市统计年鉴》（2004—2019）计算所得。

表 5-13 珠三角城市群的泰尔指数及贡献率

年份	城市群总体 泰尔指数	中心和外围之间		中心内部		外围城市间	
		泰尔指数	贡献率（%）	泰尔指数	贡献率（%）	泰尔指数	贡献率（%）
2003	0.046311	0.0178515	38.55	0.000430	0.93	0.028030	60.52
2004	0.044492	0.0156985	35.28	0.000081	0.18	0.028713	64.54
2005	0.047111	0.0333884	70.87	0.000511	1.08	0.013212	28.04
2006	0.036669	0.0220333	60.09	0.000274	0.75	0.014362	39.17
2007	0.035681	0.0196861	55.17	0.000316	0.89	0.015679	43.94
2008	0.034282	0.0179757	52.43	0.000294	0.86	0.016012	46.71
2009	0.033154	0.0170311	51.37	0.000048	0.14	0.016075	48.49
2010	0.031539	0.0162218	51.43	0.000028	0.09	0.015289	48.48
2011	0.026948	0.0152334	56.53	0.000448	1.66	0.011267	41.81
2012	0.028868	0.0184895	64.05	0.000690	2.39	0.009688	33.56
2013	0.104125	0.0359327	34.51	0.025098	24.10	0.043095	41.39
2014	0.029978	0.0208953	69.70	0.000705	2.35	0.008377	27.95
2015	0.029567	0.0205078	69.36	0.000683	2.31	0.008377	28.33
2016	0.028146	0.0189828	67.44	0.000850	3.02	0.008313	29.53
2017	0.028176	0.0182839	64.89	0.001227	4.36	0.008665	30.75
2018	0.026317	0.0169941	64.57	0.001238	4.70	0.008086	30.72

数据来源：根据《中国城市统计年鉴》（2004—2019）计算所得。

表 5-14 长江中游城市群的泰尔指数及贡献率

年份	城市群总体 泰尔指数	中心和外围之间		中心内部		外围城市间	
		泰尔指数	贡献率（%）	泰尔指数	贡献率（%）	泰尔指数	贡献率（%）
2003	0.0477305	0.031273	65.52	0.002556	5.35	0.013902	29.13
2004	0.0476018	0.030875	64.86	0.002095	4.40	0.014632	30.74
2005	0.0561838	0.040589	72.24	0.000316	0.56	0.015279	27.19
2006	0.0572768	0.041485	72.43	0.000219	0.38	0.015573	27.19
2007	0.0605595	0.04146	68.46	0.000277	0.46	0.018822	31.08
2008	0.0664946	0.045242	68.04	0.000641	0.96	0.020612	31.00

续表

年份	城市群总体 泰尔指数	中心和外围之间 泰尔指数	贡献率（%）	中心内部 泰尔指数	贡献率（%）	外围城市间 泰尔指数	贡献率（%）
2009	0.0630212	0.045015	71.43	0.001315	2.09	0.016691	26.49
2010	0.0571226	0.039132	68.51	0.0018	3.15	0.01619	28.34
2011	0.0540068	0.034251	63.42	0.001645	3.05	0.018111	33.53
2012	0.054864	0.034851	63.52	0.001805	3.29	0.018207	33.19
2013	0.0766167	0.051515	67.24	0.003334	4.35	0.021768	28.41
2014	0.0539268	0.034793	64.52	0.001846	3.42	0.017288	32.06
2015	0.0537961	0.034957	64.98	0.001792	3.33	0.017047	31.69
2016	0.0528435	0.034213	64.74	0.001783	3.37	0.016847	31.88
2017	0.0531347	0.036338	68.39	0.001409	2.65	0.015387	28.96
2018	0.0522565	0.036359	69.58	0.001566	3.00	0.014331	27.42

数据来源：根据《中国城市统计年鉴》（2004—2019）计算所得。

表 5-15 成渝城市群的泰尔指数及贡献率

年份	城市群总体 泰尔指数	中心和外围之间 泰尔指数	贡献率（%）	中心内部 泰尔指数	贡献率（%）	外围城市间 泰尔指数	贡献率（%）
2003	0.056119	0.02894	51.57	0.018677	33.28	0.008503	15.15
2004	0.044664	0.021827	48.87	0.016963	37.98	0.005874	13.15
2005	0.03457	0.018714	54.13	0.009789	28.32	0.006068	17.55
2006	0.039482	0.019866	50.32	0.014163	35.87	0.005453	13.81
2007	0.030298	0.014698	48.51	0.010066	33.22	0.005534	18.27
2008	0.027515	0.014941	54.30	0.008262	30.03	0.004313	15.67
2009	0.029017	0.019779	68.16	0.005396	18.60	0.003842	13.24
2010	0.033801	0.021118	62.48	0.009295	27.50	0.003389	10.03
2011	0.022574	0.015805	70.01	0.003562	15.78	0.003207	14.21
2012	0.02451	0.016921	69.04	0.004649	18.97	0.002939	11.99
2013	0.046567	0.027367	58.77	0.014877	31.95	0.004323	9.28
2014	0.025469	0.01807	70.95	0.00444	17.43	0.002959	11.62

续表

年份	城市群总体	中心和外围之间		中心内部		外围城市间	
	泰尔指数	泰尔指数	贡献率(%)	泰尔指数	贡献率(%)	泰尔指数	贡献率(%)
2015	0.025993	0.019127	73.59	0.003783	14.55	0.003083	11.86
2016	0.025008	0.019396	77.56	0.00257	10.28	0.003042	12.16
2017	0.02692	0.020795	77.25	0.003112	11.56	0.003013	11.19
2018	0.027206	0.019597	72.03	0.004256	15.64	0.003353	12.33

数据来源：根据《中国城市统计年鉴》（2004—2019）计算所得。

第四节 本章小结

首先，对城市群的地理范围及中心城市进行界定，明确了研究对象。

其次，通过计算城市群空间产业分工指数和城市产业分工指数来反映城市群内产业分工的演变趋势。从城市群空间产业分工指数可以看出我国城市群空间产业分工水平在提高，但不同城市群的空间产业分工水平存在较大的差异性。对比分析东部城市群和中西部城市群内部各城市产业分工发展情况，可以看出东部城市群内的产业分工态势基本形成并且较为稳定，中西部城市群的产业分工发展程度明显落后于东部城市群。

最后，从城市群总体、中心和外围之间以及外围城市间三个空间层次对城市群内的区域差异进行测度。根据测度结果发现：城市群内部绝对差异仍在扩大，相对差异不断缩小，除长江中游城市群和京津冀城市群外，各城市群的人均GDP加权变异系数和泰尔指数总体呈下降态势，说明多数城市群内部总体空间差异正在逐渐缩小；不同城市群内部中心城市和外围间的区域差异走势存在较大的差异性；从泰尔指数的数值来看，各城市群外围城市间的泰尔指数整体下降，但长三角城市群在整体泰尔指数最低的前提下，其外围城市间的区域差异的泰尔指数明显高于其他城市群，从贡献率来看，外围城市间的区域差异是长三角城市群区域差异形成的主要原因，其余城市群则主要表现为中心和外围间的区域差异。

第六章

城市群内产业分工形成驱动因素的实证研究

通过对不同城市群内产业分工水平的测度，进一步证实城市群内已经形成生产性服务业主要集中在中心城市，制造业分布在外围城市的"中心—外围"产业空间格局，那么，推动这种分工模式形成的原因究竟是什么？基于第四章的机理模型和理论分析，本章将对相关因素进行实证检验，进一步揭示城市群内产业分工形成的内在机理。

第一节　模型设定及变量选取

一、研究样本

本章以京津冀城市群、长三角城市群、粤港澳大湾区为研究样本。主要原因是本章采用各城市每年的专利申请受理数量增长率对城市产业集聚的外部性进行度量，而部分城市群内部一些城市的统计公报无法获取，难以取得完整的外部性度量数据，故本章以统计数据较为完整的城市群为代表对城市群内产业分工的形成因素进行实证检验。

二、模型设定、变量描述

（一）模型设定

依据前文的机理模型和理论分析，构建回归模型进行实证检验，回归方程为：

$$division_{it} = \alpha_0 + \alpha_1 market + \alpha_2 externality_{it} + \alpha_3 dens_{it} + \alpha_4 advantage_{it} + \alpha_5 road_{it} + \alpha_6 communication_{it} + \alpha_7 gov_{it} + \mu_i + \varepsilon_{it}$$

其中 i 表示城市，t 表示时间，不可观测的随机变量 μ_i 是代表个体异质性的截距项，ε_{it}为随时间和个体而改变的扰动项。

（二）变量描述

1. 被解释变量

被解释变量 division 为城市群内产业分工指数，用来度量城市群内产业分工的发展情况，采用公式（5.2），$division_i = \dfrac{L_{is}/L_{im}}{L_{NS}/L_{NM}}$。

2. 解释变量

（1）market 表示市场范围。市场范围分为国内市场范围和国外市场范围，国内市场范围包括国内本地市场范围和国内外围市场范围。本书主要研究国内市场范围对城市群内产业分工的影响。市场范围的计算参考 Harris（1954）的做法，即某一地区所具有的市场范围是一个空间加权平均值，该指标与本地区及其他地区的总收入成正比，与其他地区到该地区的距离成反比。计算公式为 $market_{it} = (Y_{it}/D_{ii} + Y_{jt}/D_{ji})$。$Y_{jt}$ 为 j 市的地区生产总值，D_{ji} 为两市间的几何中心距离，D_{ii} 为 i 市的内部距离，$D_{ii} = 2\sqrt{S_i/\pi}/3$，$S_i$ 为 i 市的陆地面积。基于数据的可得性，本书选择国内 283 座城市计算相关城市的市场潜能，城市间的距离采用 Arcgis 软件计算获得。依照亚当·斯密的"市场范围"假说，市场范围的扩大会促进分工。因此，对于中心城市，该指标预期为正；对于外围城市，该指标预期为负。

（2）externality 表示外部性。外部性程度通常不容易测量，现有研究大多以专利申请受理数量来做近似替代，故本书采用各城市每年的专利申请受理数量增长率对城市产业集聚的外部性进行度量。依照马歇尔的外部性理论，对于外部性的追求也会促进分工的深化。该指标对于中心城市，预期为正；对于外围城市，预期为负。

（3）dens 表示城市集聚程度。参照杨扬等（2010）、陶永亮和李旭超（2014）的研究方法，选取市辖区 GDP 与全市 GDP 的比例来衡量城市经济的集聚程度。《中国城市统计年鉴》中 GDP（全市）是整个市行政区域内的 GDP 产值，GDP（市辖区）是城市包括城区和郊区的 GDP 产值。两者之比，可以大体上反映一个城市的经济活动在城市的集聚情况，或者产业在城市中心集聚的程度。拥挤效应会加速制造业向外围城市的转移，故预期该指标对于中心城市为正，对于外围城市为负。

（4）advantage 表示相对比较成本。现阶段，外围城市较低的劳动力成本和土地成本是制造业转移的主要动力。由于土地成本数据不易获取，故选用各城市的职工平均工资增长率作为成本比较优势的代理变量。由于对于成本的"敏感性"存在较大差异，故预期该指标对于中心城市为正，对于外围城市为负。

（5）communication 表示通信技术水平。选取城市国际互联网用户数增长率来表示，使用城市国际互联网用户数的对数值来衡量。通信技术水平的提高为产业分工的深化提供可能性，故预期该指标对于中心城市为正，对于外围城市为负。

（6）road 表示交通技术水平。选取城市道路面积增长率作为交通技术进步的代理变量，使用城市年末实有城市道路面积的对数值来衡量。交通技术水平的提高为产业分工的深化提供可能性，故预期该指标对于中心城市为正，对于外围城市为负。

（7）gov 表示政府调控因素。选取政府干预作为衡量政府调控因素的代理变量，以财政支出扣除教育和科学事业支出后占 GDP 的比重来衡量。目前我国多个政府文件提出要深化城市群内中心城市与外围城市之间的分工，本书认为政府干预应会促进产业分工的进一步发展，故该指标对于中心城市为正，对于外围城市为负。

三、数据来源

由于各城市统计年鉴从 2009 年开始统计专利申请受理数量，故本书的样本期间为 2009—2018 年，数据来源于《中国城市统计年鉴》（2010—2019）以及各省份 2010—2019 年统计年鉴及统计公报，对于个别缺失数据采用插值法补充，样本数据描述见表 6-1。由表 6-1 可以看出中心城市与外围城市各变量的数值具有较大的差异性，中心城市各项指标普遍高于外围城市；从方差来看，中心城市产业分工指数波动较大，说明不同中心城市的产业分工程度具有一定差异性，外围城市外部性计算结果波动较大，说明不同外围城市的外部性水平差异性较大。

表6-1 样本数据描述性统计

区域	中心城市各变量的描述性统计					外围城市各变量的描述性统计				
变量	观察值	均值	标准误	最小值	最大值	观察值	均值	标准误	最小值	最大值
division	80	1.7537	0.8253	0.3175	3.7334	410	0.6758	0.3992	0.2257	2.5694
market	80	1109572	2131506	13	8267018	410	158827	457352	10	2554632
externality	80	10.9727	0.7596	8.1708	12.3397	410	9.0267	1.4202	5.2523	11.8571
dens	80	0.9224	0.1089	0.6545	1.0000	410	0.4890	0.2403	0.1474	1.0000
advantage	80	11.2159	0.3232	10.4383	11.9173	410	10.8274	0.3155	10.0328	11.5359
communication	80	15.1028	0.7242	12.9290	17.7617	410	13.7200	0.9011	5.4661	15.6336
road	80	9.1585	0.3397	8.2802	9.8386	410	7.5755	0.7140	6.0014	9.5641
gov	80	0.1215	0.0420	0.0689	0.2144	410	0.1090	0.0441	0.0414	0.3117

数据来源：根据《中国城市统计年鉴》（2004—2019）计算所得。

第二节 实证检验及讨论

一、实证检验

本节采用Stata 13.1软件进行计量检验。表6-2和表6-3分别为城市群内中心城市与外围城市产业分工的影响因素实证检验结果，三个回归方程分别为：①混合回归模型；②随机效应模型；③固定效应模型。首先，进行固定效应的F检验和个体效应的显著性检验，结果显示，随机效应模型和固定效应模型优于混合模型。其次，对随机效应和固定效应进行Hausman检验，结果显示，模型在1%的水平上拒绝原假设，故固定效应模型优于随机效应模型。对表6-2和表6-3的回归结果进行分析，可以发现不同模型影响因素的估计参数的结果基本一致，说明实证检验结果的稳定性。但对于中心城市与外围城市，不同因素的影响效应存在差异性。

（一）市场范围

市场范围对于中心城市在10%的水平上显著正相关，对于外围城市在

5%的水平上负相关。这说明市场范围的扩大能够深化中心城市与外围城市之间的产业分工,从而以城市群为范围,利用中国经济数据对亚当·斯密的"市场范围"假说进行了再验证。

（二）外部性

外部性对于中心城市在10%的水平上显著正相关,对外围城市在1%的水平上显著负相关,验证了马歇尔外部性的存在。这说明对外部性的追求会促进相似产业在同一区域集聚。

（三）集聚程度

集聚程度对于中心城市产业分工的影响在1%的水平上显著正相关；对于外围城市,两者之间为负向关系,但并不显著。这说明伴随着中心城市集聚程度的提高,由于过度集聚的负效应逐渐显现,中心城市的制造业开始向外围城市迁移。而对于外围城市而言,目前还处于集聚的正效应发挥阶段,相关产业集聚有利于分工利益的实现并进一步促进分工的深化（梁琦,2009）。但由于一些外围城市的集聚程度相对较低,故目前这种效应在统计上还不十分显著。

（四）相对比较成本

相对比较成本对于中心城市并不显著,但对于外围城市在1%的水平上显著为负。说明制造业对劳动力成本的敏感程度远大于生产性服务业。伴随着以职工平均工资为代表的劳动力成本的上升,制造业本身对于利润最大化的追求,促进其不断向外围城市转移。同时也验证了前文的理论分析,生产性服务业对成本的敏感程度相对较低。

（五）通信和交通技术水平

回归结果显示中心城市道路面积的增长与产业分工指数显著负相关,外围城市道路面积的增长与产业分工指数显著负相关,即交通技术的进步会促进外围城市的产业分工,但对中心城市产业分工起到抑制作用。中心城市检验结果与理论分析存在差异,主要是因为近年来中心城市道路面积增长有限,部分中心城市道路面积的统计数据还出现下降的情况。以国际互联网用户数代表的通信技术的进步与产业分工之间的关系,无论在中心城市还是外围城市均不显著,但相关关系与交通技术相似,主要原因也是统计数据的问题。因此,通信和交通技术水平与产业分工之间的关系有待进一步验证。

(六)政府调控因素

无论中心城市还是外围城市,政府调控因素对产业分工均起到显著的抑制作用。主要原因是政府对分工的影响途径是多方面的,财政支出、产业规划、税收政策等均会对城市产业分工产生影响。考虑到数据的可获得性,本书仅采用财政支出扣除科学支出和教育支出之后与 GDP 的占比来表示政府对产业分工的干预程度,并不能全面反映政府调控因素对产业分工的影响结果,故政府调控因素对城市群产业分工的作用力有待进一步验证。

表 6-2 中心城市产业分工的影响因素检验

变量	OLS(1)	RE(2)	FE(2)
market	0.000000325 (0.000000425)	0.000000325 (0.000000425)	0.000000133* (0.000000763)
externality	-0.586** (0.280)	-0.586** (0.280)	0.353* (0.195)
dens	5.106*** (1.329)	5.106*** (1.329)	7.726*** (1.343)
advantage	2.868*** (0.620)	2.868*** (0.620)	0.283 (0.430)
road	-1.828*** (0.407)	-1.828*** (0.407)	-1.391*** (0.484)
communication	0.138 (0.156)	0.138 (0.156)	-0.0369 (0.0945)
gov	-8.263*** (2.339)	-8.263*** (2.339)	-4.835* (2.896)
_cons	-13.07*** (4.343)	-13.07*** (4.343)	1.312 (3.206)
N	80	80	80
R^2	0.407		0.496

注:*表示 $p<0.1$,**表示 $p<0.05$,***表示 $p<0.01$。

表 6-3 外围城市产业分工的影响因素检验

变量	OLS（1）	RE（2）	FE（3）
market	-0.000000101* (0.000000570)	-0.000000121 (0.000000869)	-0.000000289** (0.000000126)
externality	0.0793*** (0.0230)	-0.104*** (0.0278)	-0.192*** (0.0343)
dens	0.318*** (0.115)	0.126 (0.151)	-0.193 (0.191)
advantage	-0.188* (0.0999)	0.168** (0.0832)	-0.371*** (0.0927)
road	-0.134*** (0.0335)	-0.140*** (0.0473)	-0.175*** (0.0567)
communication	-0.0817*** (0.0298)	-0.0288 (0.0221)	-0.0290 (0.0219)
gov	3.850*** (0.570)	0.842 (0.629)	1.462** (0.731)
_cons	3.579*** (0.832)	1.115* (0.608)	0.104 (0.617)
N	410	410	410
R^2	0.289		0.182

注：*表示 $p<0.1$，**表示 $p<0.05$，***表示 $p<0.01$。

二、主要结论

以京津冀城市群、长三角城市群、粤港澳大湾区 2009—2018 年的数据为研究样本，对前文的理论分析进行实证检验。实证结果显示：市场范围的扩大能够深化中心城市与外围城市之间的产业分工，对外部性的追求会促进相似产业在同一区域集聚，说明亚当·斯密的"市场范围"假说以及马歇尔的外部性理论在本书研究的样本内是成立的；中心城市集聚程度的提高会促使制造业向外围城市迁移；以职工平均工资为代表的劳动力成本显示制造业对劳动力成本的敏感程度远大于生产性服务业，中心城市和外围城市间成本的差异会促使制造业在外围城市集聚；以城市道路面积增长率为代表的交通技术进步会促进外围城市产业分工的发展，但对中心城产业分工起到抑制作用，以国际互联网用户数为代表的通信技术进步与产业分工之间的关系，无论在中心城市还是外围城市均不显著，主要原因是代理变量难以充分体现各城市交通和通信技术的快速发展；以财政支出扣除教育和科学事业支出后占 GDP 比重为代表的政府调控则对产业分工起到显著的抑制作用，主要是代理变量不能全面反映政府调控因素。因此，通信和交通技术水平、政府调控因素对城市群产业分工的作用力有待进一步验证。

第三节　本章小结

在前文理论分析的基础上，本章进行实证检验，实证结果显示市场范围、外部性对中心城市和外围城市的作用力较为一致，说明亚当·斯密的"市场范围"假说以及马歇尔的外部性理论在本书研究的样本内是成立的。集聚程度在中心城市的影响力较为明显，而比较优势在外围城市更为突出。对于交通和通信技术水平、政府调控因素的作用，有待优化代理变量并做进一步检验。

第七章

城市群内产业分工对区域
差异影响的实证研究

如何缩小地区间的区域差异已逐渐成为我国政府制定区域发展政策时所考虑的首要问题，分工既是经济增长的源泉同时也是区域差异形成的一个重要原因。本章在前文理论分析的基础上，分别从城市群总体空间差异、中心和外围间的区域差异、外围城市间的区域差异三个视角，对城市群内产业分工与区域差异之间的关系进行实证检验，从而为国家制定实现区域协调发展的经济政策提供参考。

第一节　对总体空间差异影响的实证研究

虽然两地区集聚不同的产业类型会产生一定的区域差异，但是精细化、专业化分工能够加速各地互联互通进程，更大程度发挥不同地区的相对比较优势，增强城市间经济和社会联系，深化跨区域政府间合作。因此，本书认为城市群内产业分工能够缩小总体空间差异，促进城市群协同发展。本节将对这一理论假设进行实证检验。

一、模型设定及变量选取

（一）研究样本

本节以京津冀城市群、长三角城市群、粤港澳大湾区、中原城市群、长江中游城市群、关中平原城市群、成渝城市群为样本进行研究。中心城市为北京市、天津市、上海市、南京市、杭州市、合肥市、广州市、深圳市、郑州市、南昌市、武汉市、长沙市、西安市、重庆市、成都市；外围城市为各城市群内除中心城市以外的城市。

（二）模型设定

基于理论分析，我们认为城市群内产业分工能够在很大程度上缩小总体空间差异，但还存在诸多不确定性。为考察和验证这一判断，需要进一步的实证检验，因此设定基本回归方程：

$$gap_{it} = \beta_0 + \beta_1 division_{it} + \beta_2 X_{it} + \mu_i + \varepsilon_{it} \quad (7.1)$$

其中，gap_{it}为被解释变量，代表总体空间差异；$division_{it}$代表核心解释变量，即城市产业分工指数；X_{it}代表控制变量；不可观测的随机变量μ_i是代表个体异质性的截距项；ε_{it}为随时间和个体而改变的扰动项。由于中心城市与外围城市的分工呈现不同特点，在计量检验时区分中心城市与外围城市，分别代入该模型进行检验。

（三）变量描述

1. 被解释变量

总体空间差异（gap），采用城市群内各城市人均 GDP 与城市群平均 GDP 的差异进行度量，计算公式为：

$$gap_{it} = \frac{|X_{it} - \overline{X_t}|}{\overline{X_t}} \quad (7.2)$$

式（7.2）中，gap_{it}表示总体空间差异，X_{it}表示城市 i 在 t 期的人均GDP，$\overline{X_t}$表示城市 i 所在城市群在 t 期的人均 GDP。该指标越大，说明城市群内各城市与城市群整体均值的差异越大，即城市群总体空间差异越大；该指标越小，说明各城市与均值的差异越小，即城市群总体空间差异越小。

2. 核心解释变量

城市产业分工指数（division）：采用公式（5.2），$division_i = \dfrac{L_{is}/L_{im}}{L_{NS}/L_{NM}}$。

依据理论分析，中心城市生产性服务业集聚，外围城市制造业集聚的城市群内产业分工模式应有助于城市群整体协同发展。由于中心城市和外围城市间该指标的异质性，因此，对于中心城市，该指标预期符号为负；

对于外围城市，该指标预期符号为正。

3. 控制变量

据已有研究可知，人力资本、经济开放度、政府干预程度、物质资本投资等的空间差异也是导致区域经济非均衡发展的重要原因，故将以上因素作为控制变量，下面将相关指标及测度方法逐一说明：

（1）人力资本（human）。张晓蓓（2020）认为人力资本是推动经济社会发展的最根本源泉，不同地区人力资本水平差异必然影响到区域经济差异的变动趋势。人力资本水平选取普通高等学校在校学生数占常住人口数的比重来衡量，城市常住人口数使用 GDP 总量除以人均 GDP 进行估算。

（2）经济开放度（openness）。陈明华（2020）认为不同城市的开放水平不同，各个地区的对外开放往往会对地区经济增长产生重要影响，从而会导致城市间经济发展水平存在差距。经济开放度选取当年实际利用外商直接投资占 GDP 的比重来衡量，外商直接投资根据当年的年均汇率进行换算。

（3）政府干预（gov）。陈建军（2008）认为地方政府往往会通过税收、土地等优惠政策来诱导企业向本地集中，从而对地区经济发展产生影响。政府干预水平选取财政支出扣除教育和科学事业支出后占 GDP 的比重来衡量。

（4）物质资本投资（investment）。已有研究认为固定资产投资与产出增长之间具有密切关系。Harrod-Domar 增长模型认为最优资本存量是经济增长的决定性因素。索洛的经济增长模型认为产出增长在一定程度上取决于资本的产出弹性及其增加率。王小鲁和樊纲（2004）的经验分析表明国内投资的地域差异是形成经济差距扩大的重要原因。物质资本投资水平选取全社会固定资产投资占 GDP 的比重来衡量。

4. 数据来源

本节以京津冀城市群、长三角城市群、粤港澳大湾区、中原城市群、长江中游城市群、关中平原城市群、成渝城市群 2003—2018 年共 110 个城市的原始数据为样本进行研究。各城市人均 GDP、GDP 总量、固定资产投资总额的数据来自《中国城市统计年鉴》（2004—2019）中的全市统计数据及2018年、2019年各省统计年鉴。各产业就业人数、普通高等学校在校学生人数、当年实际利用外资金额、地方财政一般预算内支出、科学支出、教育支出、固定资产投资总额的数据来自《中国城市统计年鉴》（2004—2019）中的全市统计数据。外汇年均汇率数据来自《中国统计年鉴》（2004—2019），对于个别缺失数据采用插值法补充，样本数据描述性统计见表7-1。从统计结果可以看出，中心城市各项指标与外围城市具有一定的差异性，其中，中心城市的总体空间差异、产业分工指数、生产性服务业区位商、人力资本水平、经济开放程度的指标均值高于外围城市，其余各项指标的均值低于外围城市。

表7-1 样本数据描述性统计

区域	中心城市各变量的描述性统计					外围城市各变量的描述性统计				
变量	观察值	均值	标准误	最小值	最大值	观察值	均值	标准误	最小值	最大值
gap	240	0.5757	0.3654	0.0455	1.4899	1520	0.3033	0.1995	0.0006	1.3295
division	240	1.5471	0.5697	0.3175	3.7334	1520	0.7997	0.4394	0.2142	3.6794
service	240	1.2958	0.2688	0.5295	2.1396	1520	0.7389	0.2125	0.2691	2.2154
manufacture	240	0.9075	0.2347	0.4477	1.7278	1520	1.0540	0.3147	0.3009	2.1172
investment	240	0.5709	0.2378	0.1698	1.1743	1520	0.5907	0.3218	0.0211	1.8583
human	240	0.0575	0.0302	0.0056	0.1256	1520	0.0126	0.0121	0.0000	0.1448
openness	240	0.0433	0.0184	0.0114	0.1161	1520	0.0237	0.0235	0.0000	0.2011
gov	240	0.1100	0.0387	0.0526	0.2231	1520	0.1106	0.0506	0.0373	0.6383

数据来源：根据《中国城市统计年鉴》（2004—2019）计算所得。

二、模型回归分析

为了验证城市群内产业分工与总体空间差异之间的关系，首先使用含七个城市群的全样本数据进行验证；其次，考虑到京津冀城市群和长江中游城市群在样本研究期间表现为经济发展趋同，所以剔除京津冀城市群和长江中游城市群相关数据，再对两者之间的关系进行实证检验，并对回归结果进行对比分析。

（一）基本回归结果

本节采用 Stata 13.1 软件进行计量检验。首先使用 Hausman 检验对面板数据模型的形式进行判定。检验结果显示，模型在 1% 的水平上拒绝原假设，故采用固定效应模型。

1. 核心解释变量对总体空间差异的影响

表 7-2 列示了城市群内产业分工对总体空间差异的固定效应模型回归结果。模型 1 和模型 2 为中心城市的计量回归结果，模型 3 和模型 4 为外围城市的计量回归结果。模型 1 显示城市群内产业分工对中心城市总体空间差异系数在 10% 的水平上显著为负，模型 2 在加入控制变量后系数依然显著为负，说明中心城市服务业集聚能够降低中心城市人均 GDP 与城市群均值的差异；模型 3 和模型 4 为外围城市的模型检验结果，模型 3 显示城市群内产业分工对外围城市总体空间差异系数在 5% 的水平上显著为负，模型 4 加入控制变量后不再显著，说明外围城市制造业集聚是否能够缩小其与城市群均值的差异有待进一步验证。

表 7-2　全样本计量回归结果

解释变量	中心城市模型 1	中心城市模型 2	外围城市模型 3	外围城市模型 4
division	-0.0576* (0.0335)	-0.0775** (0.0331)	0.0191** (0.00867)	0.0116 (0.00866)
investment		-0.421*** (0.133)		-0.0308** (0.0129)
human		5.323*** (1.300)		0.617* (0.373)
openness		0.863 (0.734)		0.946*** (0.140)
gov		-2.530*** (0.640)		0.0566 (0.0771)
_cons	0.665*** (0.0531)	0.871*** (0.0924)	0.288*** (0.00725)	0.276*** (0.0109)
N	240	240	1520	1520
R^2	0.013	0.178	0.003	0.037

注：*表示 $p<0.1$，**表示 $p<0.05$，***表示 $p<0.01$。

剔除京津冀城市群和长江中游城市群的相关数据，计量回归结果如表7-3所示：模型5和模型6为中心城市计量回归结果；模型7和模型8为外围城市计量回归结果。模型5和模型1、模型6和模型2的计量结果大体一致，均显示中心城市产业分工能够缩小总体空间差异。模型7外围城市产业分工系数在1%的水平上显著为正，模型8在加入控制变量后外围城市产业分工指数在10%的水平上显著为正，说明研究样本外围城市的产业分工同样能够缩小城市群总体空间差异。

表7-2和表7-3的计量回归结果说明不同城市群内的产业分工和经济发展处于不同的发展阶段。七个城市群中除京津冀和长江中游城市群外，无论中心城市还是外围城市，城市群内产业分工的深化均能缩小城市群总体空间差异，即城市群内产业分工通过专业化分工，在提高各城市专业化效率的同时也增强了城市间的经济联系，从而使区域经济发展逐渐趋同。

表7-3 不含京津冀和长江中游城市群的计量回归结果

解释变量	中心城市模型5	中心城市模型6	外围城市模型7	外围城市模型8
division	-0.0608* (0.0359)	-0.0713* (0.0373)	0.0378*** (0.0116)	0.0197* (0.0117)
investment		-0.122 (0.190)		-0.0377** (0.0168)
human		5.365*** (1.960)		0.287 (0.440)
openness		0.758 (1.007)		0.903*** (0.156)
gov		-1.549* (0.865)		-0.136 (0.0964)
_cons	0.527*** (0.0611)	0.486*** (0.160)	0.269*** (0.0101)	0.296*** (0.0149)
N	160	160	976	976
R^2	0.023	0.127	0.012	0.060

注：*表示 $p<0.1$，**表示 $p<0.05$，***表示 $p<0.01$。

2. 控制变量对总体空间差异的影响

（1）物质资本投资

中心城市和外围城市的物质资本投资的系数均为负，但对中心城市的影响并不显著，外围城市在5%的水平上显著为负。说明随着中心城市生产性服务业的集聚，固定资产投资对中心城市经济发展的影响力正逐渐减弱，但对外围城市在调整经济结构、促进经济增长方面依然发挥着重要的作用。对于外围城市，固定资产投资不仅能够直接促进城市经济的增长，而且通过基础设施建设及大规模的生产能力更新改造能够推动传统产业升级和新兴产业发展，从而缩小外围城市人均GDP与城市群均值的差距。

（2）人力资本

中心城市和外围城市人力资本的系数均为正，中心城市在1%的水平上显著为正，但对外围城市的影响力并不显著。系数为正说明中心城市人力资本的增加会扩大中心城市与城市群均值的差异。这主要是由于中心城市主要承担管理和研发功能，人力资本水平越高，城市科技创新能力对经济发展的推动力就越强，在循环累积因素的作用下会拉大其与其他城市之间的区域差异。对比中心城市物质资本投资和人力资本的系数，发现中心城市人力资本对总体空间差异的影响力远远高于固定资产投资。外围城市与其相反，物质资本投资的影响力大于人力资本，说明两者的产业结构和经济发展动力存在较大的差异性。中心城市要素投入对经济发展的作用空间是有限的，经济发展动能已经由单纯的要素投入转化为科技进步带来的创新能力。

（3）经济开放度

中心城市与外围城市经济开放度的系数均为正，中心城市系数并不显著，外围城市在1%的水平上显著为正，即外围城市开放水平的提高反而会扩大城市群总体空间差异。一般而言，中心城市对外开放条件要优于外围城市，外围城市对外开放水平的提高应会缩小城市群总体空间差异。出现这一结果的主要原因可能是本书采用外资依存度，而在样本研究期间，我国各城市的外资依存度均在降低。而对外开放水平的提高不仅体现在利用外资的水平上，还表现在对外贸易额、对外交往水平的提高等多方面，故外资依存度不足以衡量城市的经济开放度。

(4) 政府干预

中心城市与外围城市政府干预水平的系数均为负，中心城市在 10% 的水平上显著为负，外围城市并不显著，说明政府干预能够缩小中心城市人均 GDP 与城市群均值的差异。近年来，我国出台了各种促进区域协调发展的相关政策，旨在缩小不同区域间的区域差异。对于城市群而言，重点是发挥中心城市对外围城市的辐射带动作用，计量结果说明政府干预效应已经在中心城市显现。对于外围城市，虽然是负相关关系，但在样本研究期间的效应并不显著。

（二）稳健性检验

更进一步，为了保证计量结果的稳健性，我们对基本回归结果进行稳健性检验。分别使用生产性服务业和制造业的区位商代替城市群内产业分工指数，模型检验结果如表 7-4 和表 7-5 所示。

生产性服务业区位商计算公式为：

$$service_{it} = (L_{is}/L_{it})/(L_{NS}/L_{NT}) \tag{7.3}$$

制造业区位商计算公式为：

$$manufacture_{it} = (L_{im}/L_{it})/(L_{NM}/L_{NT}) \tag{7.4}$$

式（7.3）和式（7.4）中，L_{it} 表示城市 i 的总就业人数，L_{NT} 表示城市 i 所在城市群的总就业人数。如果一个城市的生产性服务业区位商大于 1，则说明该城市生产性服务业在该市的发展水平高；如果一个城市的制造业区位商大于 1，则说明该城市制造业具有优势。之所以分别选择生产性服务业和制造业区位商进行检验，主要原因是对于有些城市而言，存在两者均大于 1 的情况。例如中西部城市群的某些中心城市，目前依然是生产性服务业和制造业共同集聚，两者的区位商均大于 1，因此需要分别进行验证。

表 7-4 为中心城市与外围城市的生产性服务业区位商与总体空间差异的计量回归结果。模型 9 和模型 10 显示，中心城市的生产性服务业区位商与总体空间差异之间的系数关系为负，但是在统计上并不显著，加入控制变量后在 10% 的水平上显著为负。模型 11 和模型 12 显示，外围城市的生

产性服务业区位商与总体空间差异之间的系数关系在1%的水平上显著为正,加入控制变量后在5%的水平上显著为正。中心城市的计量结果不显著主要是一些城市群的产业分工目前还处于初级阶段,中心城市既是生产性服务业中心,也是制造业的集聚地,处于双高状态。

表7-5为中心城市与外围城市的制造业区位商与总体空间差异之间的计量回归结果。模型13和模型14显示,中心城市制造业区位商与总体空间差异显著正相关;模型15和模型16显示,外围城市制造业区位商与总体空间差异显著负相关。

由表7-4和表7-5可以看到,以长三角城市群、粤港澳大湾区、中原城市群、关中城市群、成渝城市群为样本,分别从生产性服务业和制造业两个维度进行实证检验,发现中心城市生产性服务业集聚和外围城市制造业集聚均能有效缩小城市群总体空间差异,即城市群内产业分工有助于城市群经济发展趋同,这说明前述的结论是稳健的。

表7-4 采用生产性服务业区位商作为产业分工的替代变量

解释变量	中心城市模型9	中心城市模型10	外围城市模型11	外围城市模型12
service	-0.00723 (0.0819)	-0.153* (0.0837)	0.0892*** (0.0235)	0.0539** (0.0237)
investment		-0.447*** (0.142)		-0.0383** (0.0167)
human		5.306*** (1.321)		0.348 (0.440)
openness		1.099 (0.726)		0.871*** (0.157)
gov		-2.656*** (0.638)		-0.142 (0.0963)
_cons	0.585*** (0.107)	0.969*** (0.141)	0.234*** (0.0176)	0.274*** (0.0206)
N	160	240	976	976
R^2	0.000	0.170	0.016	0.062

注:* 表示 $p<0.1$,** 表示 $p<0.05$,*** 表示 $p<0.01$。

表 7-5 采用制造业区位商作为产业分工的替代变量

解释变量	中心城市模型 13	中心城市模型 14	外围城市模型 15	外围城市模型 16
manufacture	0.441*** (0.139)	0.399*** (0.144)	−0.0700*** (0.0192)	−0.0472** (0.0191)
investment		−0.374*** (0.129)		−0.0370** (0.0167)
human		5.284*** (1.283)		0.244 (0.439)
openness		0.560 (0.752)		0.897*** (0.155)
gov		−2.367*** (0.645)		−0.135 (0.0963)
_cons	0.175 (0.127)	0.360** (0.162)	0.372*** (0.0199)	0.361*** (0.0216)
N	160	240	976	976
R^2	0.043	0.185	0.014	0.063

注：* 表示 p<0.1，** 表示 p<0.05，*** 表示 p<0.01。

三、主要结论

本节基于城市群内产业分工的视角，利用 2003—2018 年京津冀城市群、长三角城市群、粤港澳大湾区、中原城市群、长江中游城市群、关中平原城市群、成渝城市群 110 个地级市的面板数据，区分中心城市和外围城市，采用固定效应模型，研究了城市群内产业分工与总体空间差异之间的关系。实证结果表明：以七个城市群为样本，外围城市产业分工指数与总体空间差异之间的关系并不显著；剔除京津冀城市群和长江中游城市群的相关数据后，发现外围城市的产业分工同样能够缩小城市群总体空间差异，即促进城市群经济发展趋同。这一检验结果说明不同城市群内的产业分工和经济发展处于不同阶段，七个城市群中除京津冀和长江中游城市群外，无论中心城市还是外围城市，城市群内产业分工的深化均能缩小城市群总体空间差异，即城市群内产业分工通过专业化分工，在提高各城市专业化效率的同时也增强了城市间的经济联系，从而使区域经济发展逐渐趋同。为了保证计量结果的稳健性，分别使用生产性服务业和制造业的区位商代替城市群内产业分工指数进行稳健性检验，稳健性检验的结果与前述结论一致。

控制变量中，物质资本投资对外围城市总体空间差异的影响力强于中心城市，这与两者的产业结构一致，说明随着中心城市生产性服务业的集聚，固定资产投资对中心城市经济发展的影响力正逐渐减弱；人力资本对中心城市的影响力显著为正，但对外围城市并不显著，说明中心城市与外围城市人力资本的差异是形成区域差异的一个重要因素；经济开放度对外围城市的影响力显著，但却体现为外围城市开放水平的提高反而会扩大城市群总体空间差异；中心城市与外围城市政府干预水平的系数均为负，中心城市在10%的水平上显著为负，外围城市并不显著，说明政府干预更能够缩小中心城市人均GDP与城市群均值的差异。

第二节 对中心和外围间的区域差异影响的实证研究

关于城市群内产业分工与中心和外围间的区域差异关系的探讨，已有研究多是从城市群整体层面进行分析，对城市群整体分工水平和中心与外围间的区域差异的关系进行探讨。中心和外围间的区域差异主要受中心城市虹吸效应和空间外溢效应的影响，并且多中心城市群内中心城市往往具有较大的差异性。例如京津冀城市群中的北京和天津，主导产业分别为生产性服务业和制造业，长江中游城市群中的南昌、武汉、长沙的区域辐射力也具有较大的差异性。如果不考虑中心城市的差异性，将所有中心城市作为同质个体，将无法准确分析城市群内不同中心城市的作用力。为了更加准确地辨析不同中心城市对中心和外围间的区域差异的影响，本书在理论分析的基础上，从中心城市的角度对城市群内产业分工与中心和外围间的区域差异的关系进行实证研究，能够更加准确地刻画中心城市的特征以及功能的变化。

一、模型设定及变量选取

（一）研究样本

本节以京津冀城市群、长三角城市群、粤港澳大湾区、中原城市群、长江中游城市群、关中平原城市群、成渝城市群为样本进行研究。中心城市为北京市、天津市、上海市、南京市、杭州市、合肥市、广州市、深圳市、郑州市、南昌市、武汉市、长沙市、西安市、重庆市、成都市；外围城市为各城市群内除中心城市以外的城市。

（二）模型设定

本节主要验证城市群内产业分工与中心和外围间的区域差异的关系。由于区域差异的变化是一个动态演变过程，不仅受当前各种因素的影响，也受过去年份区域差异的影响，存在一定的惯性。因此，在回归模型中加入被解释变量的滞后一期，同时为了克服可能存在的内生性问题，采用动态面板进行估计。动态面板模型一般分为差分 GMM，水平 GMM 和系统 GMM。系统 GMM 是由 Blundell 和 Bond（1998）将差分 GMM 和水平 GMM 结合在一起提出的，与差分 GMM 相比，可以提高估计的效率，并且可以估计不随时间变化的变量的系数（其包含对水平方程的估计）。因此，本书使用系统 GMM 对城市群内产业分工与中心和外围间的区域差异的关系进行实证检验，设定的计量模型如下：

$$gap_{cpt} = \lambda_0 + \lambda_1 gap_{cp(t-1)} + \lambda_2 division_{it} + \lambda_3 division^2 + \lambda_4 X_{it} + \mu_i + \omega_{it} \quad (7.5)$$

其中，gap_{cpt} 为被解释变量，代表中心和外围间的区域差异；$division_{it}$ 代表核心解释变量，即城市产业分工指数；X_{it} 代表控制变量；不可观测的随机变量 μ_i 是代表个体异质性的截距项；ω_{it} 为随时间和个体而改变的扰动项。

（三）变量描述

1. 被解释变量

被解释变量为中心城市和外围城市间的区域差异（gap_{cp}）。本节主要研究中心城市与外围城市的区域差异，因此采用中心城市人均 GDP 除以外围城市人均 GDP，外围城市人均 GDP 采用各外围城市人均 GDP 均值来表示，计算公式为（5.3）。

$$gap_{cp} = \frac{pgdp_c}{pgdp_p}$$

其中，c 和 p 分别为中心城市和外围城市，$pgdp_p$ 表示外围城市的人均 GDP，$pgdp_c$ 为中心城市的人均 GDP。

2. 核心解释变量和控制变量

(1) 核心解释变量

核心解释变量为中心城市产业分工指数 division，采用公式 (5.2)：

$$division_i = \frac{L_{is}/L_{im}}{L_{NS}/L_{NM}}。$$

(2) 控制变量

创新能力比（innovation$_{cp}$）。朱勇等（2005）认为创新能力对经济发达地区的影响力要大于对欠发达地区的影响力，并因此造成二者之间差异的不断扩大。创新能力选取一般公共预算科技支出占地方一般公共预算支出的比重来衡量。创新能力比由中心城市创新能力水平除以外围城市平均创新能力水平来表示。

人力资本比（human$_{cp}$）。Dauth（2013）认为经济增长与人力资本密切相关。中心城市和外围城市不同的人力资本水平使其经济增长的内生动力存在差别，故而造成经济发展的差异性。人力资本选取普通高等学校在校学生数占常住人口数的比重来衡量，城市常住人口数使用 GDP 总量除以人均 GDP 进行估算。人力资本比由中心城市人力资本水平除以外围城市人力资本平均水平来表示。

经济开放度比（openness$_{cp}$）。兰宜生（2002）认为区域开放条件的差异性是引起区域发展差异的重要原因。经济开放度选取当年实际利用外商直接投资占 GDP 的比重来衡量，外商直接投资根据当年的年均汇率进行换算。经济开放度比由中心城市经济开放水平除以外围城市平均经济开放水平来表示。

政府干预比（gov$_{cp}$）。赵勇和魏后凯（2015）认为地方政府的干预性投资差异会引起中心城市和外围城市经济规模发生变动，进而导致两者之间的地区差距发生变化。政府干预指标选取财政支出扣除教育和科学事业支出后占 GDP 的比重来衡量。政府干预比由中心城市政府干预水平除以外围城市平均政府干预水平来表示。

物质资本投资比（investment$_{cp}$）。投资依然是城市经济增长的重要助推力，固定资产投资的多少一定意义上是城市经济活跃度的体现，对城市经济产出和劳动生产率具有重要影响（柯善咨和赵曜，2014）。物质资本选取全社会固定资产投资占GDP的比重来衡量。物质资本投资比由中心城市物质资本水平除以外围城市平均物质资本水平来表示。

（四）数据来源

本节选取七个城市群2004—2019年共110个城市样本的原始数据。各城市名义人均GDP、名义GDP总量、固定资产投资总额的数据来自《中国城市统计年鉴》（2004—2019）中的全市统计数据及2018年、2019年各省统计年鉴。各产业就业人数、普通高等学校在校学生人数、当年实际利用外资金额、地方财政一般预算内支出、科学支出、教育支出、固定资产投资总额的数据来自《中国城市统计年鉴》（2004—2019）中的全市统计数据。GDP平减指数及外汇年均汇率数据来自《中国统计年鉴》（2004—2019），对于个别缺失数据采用插值法补充，样本数据描述性统计见表7-6。

表7-6 样本数据描述性统计

变量	观察值	均值	标准误	最小值	最大值
gap_{cp}	240	1.700775	0.807153	0.094154	3.883326
$division_i$	240	1.547139	0.56967	0.317547	3.733382
$innovation_{cp}$	240	0.029343	0.023204	0.001574	0.129592
$human_{cp}$	240	4.94644	3.01344	0.265849	12.24267
$openness_{cp}$	240	3.339334	4.496854	0.444557	40.1011
gov_{cp}	240	1.088334	0.431087	0.549403	2.985064
$investment_{cp}$	240	1.458728	1.395167	0.285986	9.111256

数据来源：根据《中国城市统计年鉴》（2004—2019）计算所得。

为进一步观察样本研究期间中心城市产业分工与中心和外围间的区域差异之间的关系，绘制中心城市产业分工与中心和外围间的区域差异的散点图与二次回归拟合线，如图7-1所示。通过拟合线进行初步观察，可以看出中心城市产业分工与中心和外围间的区域差异之间的倒"U"型关系非常显著。

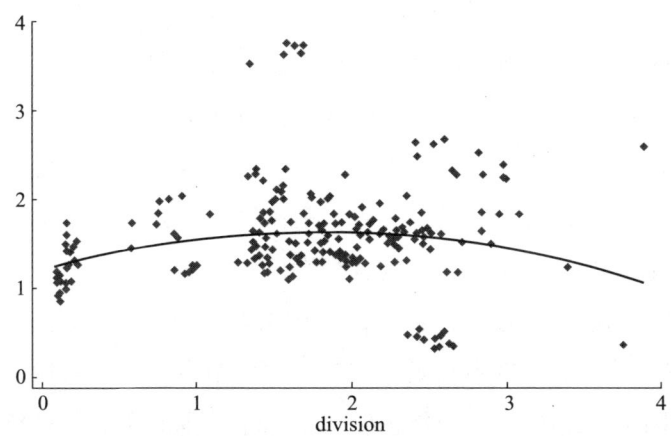

图7-1 中心城市产业分工与中心和外围间的区域差异的散点图与二次回归拟合线

二、模型回归分析

(一)基本回归结果分析

1. 核心解释变量对中心和外围间的区域差异的影响

表7-7为系统GMM模型估计结果。模型1显示被解释变量的滞后一期显著为正,说明个体的当前现状与前期密切相关,即中心和外围间的区域差异存在一定的惯性。城市群内产业分工的系数在1%的水平上显著为正,二次项系数为负且同样在1%的水平下显著,这一结果说明城市群内产业分工与中心和外围间的区域差异之间存在倒"U"型关系,即在城市群内产业分工在初期会扩大中心与外围间的区域差异,但伴随着分工的演进,城市群内产业分工超过拐点后,二者的区域差异会缩小。模型2在引入控制变量后,城市群内产业分工的一次项和二次项系数的方向并没有发生变化,并且仍然在1%的水平下显著,说明城市群内产业分工与中心和外围间的区域差异之间的倒"U"型关系存在稳定性。

另外系统GMM能够成立的前提是扰动项不存在自相关,结果显示,扰动项差分存在一阶自相关,但不存在二阶自相关,故以上结果的GMM估计值是无偏和一致的。同时,过度识别检验结果也显示,模型1和模型2均通过了Sargan过度识别检验。

城市群内产业分工与中心和外围间的区域差异呈倒"U"型关系的原因主要是:第一,当中心城市的虹吸效应占据优势时,中心和外围间的区域差异会持续扩大。中心城市由于历史发展因素和地理位置优势,往往在一个区域的经济、政治、交通、文化、医疗等各个方面处于中心地位。因此,在城市发展初期,中心城市具有强大的集聚能力,吸引外围区域的资本、劳动力、高技术人才等各种资源向中心城市集聚来促进自身的发展。该阶段也是生产性服务在中心城市集聚发展的节点,在该阶段,强大的虹吸效应使得中心城市的经济增长速度往往高于外围城市。在循环累积因果的作用下,中心和外围间的区域差异不断扩大。第二,当中心城市的空间外溢效应逐渐增强时,中心和外围间的区域差异会逐渐缩小。随着中心城市集聚程度的不断上升,中心城市由集聚经济转变为集聚不经济,过度集聚的负外部效应逐渐显现,交通拥堵、环境污染、土地和人力成本高等因素使得一些对成本较为敏感的生产部门开始向外迁移,中心城市由集聚效应开始转向发挥扩散效应。中心城市的空间外溢效应一方面体现为制造企业的外迁对外围城市产业发展的带动;另一方面体现为中心城市生产性服务业集聚所产生的技术空间外溢效应。在这两种力量的共同作用下,形成了中心城市带动外围城市共同发展的格局,推动中心和外围间的区域差异逐渐缩小。

2. 控制变量对中心和外围间的区域差异的影响

人力资本比在1%的水平上显著为正,即中心城市与外围城市人力资本间的差异是造成中心和外围间的区域差异的一个重要原因。中心城市是高技术人才的集聚地,外围城市普遍在该方面显现出劣势。因此,中心城市人力资本水平的上升会扩大两者之间的差异。

政府干预比在10%的水平上显著为负,说明政府干预程度的提高会缩小二者之间的区域差异,这说明我国区域发展政策在缩小区域差异方面确实起到了积极作用。

对外开放在 1% 的水平上显著为负，说明对外开放水平的差异反而会缩小区域差异。中心城市对外开放条件通常要优于外围城市，从理论上分析，开放条件的差异会对区域差异产生正向影响。近年来，无论是中心城市还是外围城市，对外开放水平均大幅度提高，实证结果与理论分析相反的原因在于本书采用当年实际利用外商直接投资占 GDP 的比重来衡量，数据显示自 1994 年开始 FDI 占 GDP 的比例一直处于下降态势，且 2008 年金融危机后 FDI 出现较大波动，本书的时间跨度为 2003—2018 年。故在此期间，以该指标来度量对外开放水平具有一定的局限性。

物质资本投资比的符号为负，但并不显著；创新能力比的符号为负，同样并不显著。说明与其他影响因素相比，物质资本投资差异和创新能力差异的影响力在样本研究期间并不显著。

表 7-7 系统 GMM 模型估计结果

解释变量	模型 1	模型 2
L. gap_{cp}	-0.0635*** (0.00459)	-0.272** (0.127)
division	0.265* (0.136)	0.799* (0.739)
$Division^2$	-0.104*** (0.0334)	-0.199* (0.178)
$innovation_{cp}$		-0.0143 (0.0219)
$human_{cp}$		0.138*** (0.0302)
gov_{cp}		-0.310* (0.189)
$openness_{cp}$		-0.00954*** (0.00249)
$investment_{cp}$		-0.181 (0.386)
_cons	1.450*** (0.361)	1.064** (0.443)

续表

解释变量	模型 1	模型 2
N	210	210
Art（1）检验 P 值	0.0376	0.03829
Art（2）检验 p 值	0.4939	0.7405
Sargan 检验 P 值	0.4032	0.4908

（二）对产业分工指数"拐点"的进一步分析

我国地域辽阔，不同区域的地理条件、经济基础、资源禀赋、市场化程度等各方面均有较大的差异性。各城市群处于我国不同的地理方位，经济发展程度和分工现状均存在异质性。从城市群总体来看，城市群内产业分工与中心和外围间的区域差异存在倒"U"型关系，但不同中心城市究竟处于拐点的左边还是右边，即各城市群的中心城市是处于集聚阶段，还是处于扩散阶段，其对中心和外围间的区域差异的影响力有待进一步分析。

借鉴伍德里奇（2007）有关二次式模型拐点的计算方法①，根据模型 2，对 division 求导，计算得出中心城市产业分工指数的拐点大约在 2.0075。也就是说当中心城市的产业分工指数小于 2.0075 时，中心城市将会更多地发挥集聚功能，从而导致中心与外围间的区域差异逐渐扩大；当中心城市产业分工指数高于 2.0075 时，中心城市的扩散辐射效应开始发挥，中心与外围间的区域差异开始缩小。

图 7-2 和图 7-3 分别为各中心城市 2003 年和 2018 年城市产业分工水平图。图 7-2 显示，2003 年仅长沙市产业分工指数接近"拐点"，说明在样本研究初期，多数中心城市还处于集聚阶段。图 7-3 显示，2018 年北京市、上海市、广州市、南京市已经位于"拐点"之上，并且多数中心城市的产业分工指数与"拐点"的差距正逐渐缩小。同时，我们可以看出东部城市群与中西部城市群的差异性，已跨越"拐点"的中心城市均位于东部

---

① 拐点计算公式为：$x = |2\hat{\gamma}_3/\hat{\gamma}_2|$。

城市群，中西部城市群内部中心城市的产业分工指数虽然大幅度上升，但绝大多数还位于"拐点"之下，或在近些年份开始接近"拐点"，未来有可能缩小中心和外围间的区域差异。

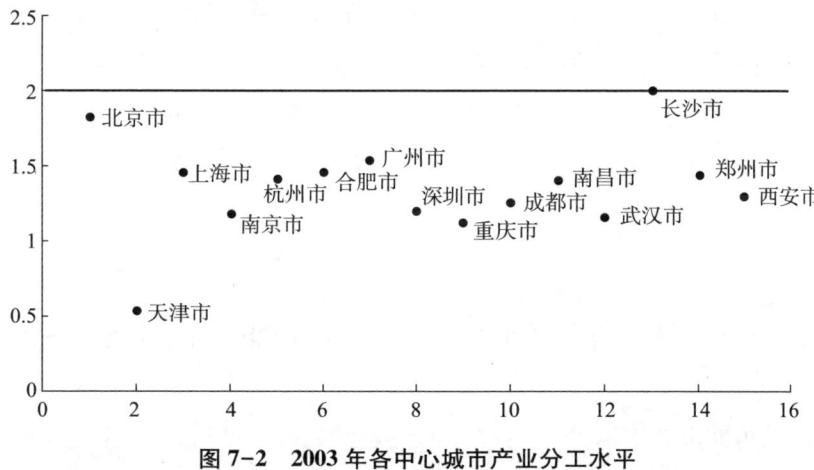

图7-2　2003年各中心城市产业分工水平

数据来源：根据《中国城市统计年鉴》(2004)计算所得。

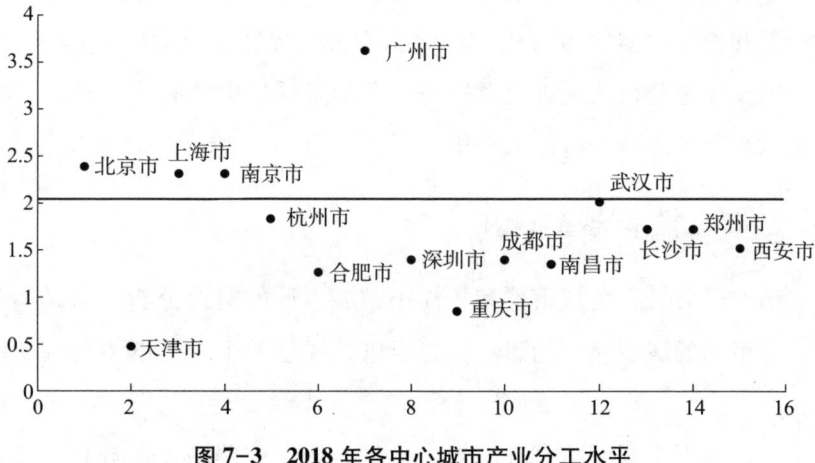

图7-3　2018年各中心城市产业分工水平

数据来源：根据《中国城市统计年鉴》(2019)计算所得。

三、主要结论

本节使用系统GMM对城市内产业分工与中心和外围间区域差异的关系进行实证分析。研究发现：中心和外围间的区域差异存在一定的惯性，是一个动态演变过程；城市群内产业分工与中心和外围间的区域差异之间存在倒"U"型关系，即城市群内产业分工在初期会扩大中心与外围间的区域差异，但伴随着分工的演进，城市群内产业分工超过"拐点"后，二者的区域差异会缩小。同时我们可以看出东部城市群与中西部城市群的差异性，已跨越"拐点"的中心城市均位于东部城市群，中西部城市群内部中心城市的产业分工指数虽然大幅度上升，但绝大多数还位于"拐点"之下，或在近些年份开始接近"拐点"，未来有可能缩小中心和外围间的区域差异。

第三节 对外围城市间的区域差异影响的实证研究

长三角城市群内以"苏锡常"为代表的近外围城市发展迅速，其与远外围城市的区域差异逐渐扩大，并且成为城市群内区域差异的主要形成来源，对于这一现象值得深入思考。本节首先通过统计性描述对比分析长三角城市群和长江中游城市群内产业分工和外围城市间的区域差异的异同；其次在前文理论分析的基础上对这一现象形成的原因进行实证检验，将这一问题从现象到本质进行深入分析。

一、研究样本选择依据

本节通过对长三角城市群和长江中游城市群的对比分析，来说明分工对外围城市间的区域差异的影响，之所以选择这两个城市群主要基于以下原因：

第一，两者中心城市和外围城市数量相当。按照城市群规划，长三角城市群包含27个城市，其中4个中心城市，23个外围城市；长江中游城市群包含26个城市，其中3个中心城市，23个外围城市。泰尔指数的分解计算结果与区域所包含的个体数量具有一定关系，一般来说个体数量越多，内部差异贡献率就越大，两者外围城市数量相同，中心城市数量相当，数据可比性较强。

第二，两者内部行政区划构成大体相似。长三角城市群中内含一市、三省，长江中游城市群中内含三省，行政区划相似，行政区划分割对于分工和区域差异的影响具有一定的可比性。

第三，两者处于城市群的不同发展阶段。长三角城市群始于1982年的长三角一体化，已经走过近40年的历程，规划范围从最初的"上海、南京、宁波、苏州和杭州"5市扩容到如今的上海市、江苏省、浙江省、安徽省全域，以27个城市为中心区，是目前中国经济最具活力、城市层级结构最合理的城市群。2015年4月，国家发改委印发《长江中游城市群发展规划》，长江中游城市群是我国目前正处于培育阶段的国家级城市群。长三角城市群和长江中游城市群处于城市群发展的不同阶段，产业分工和外围间的区域差异具有较大的差异性，将两者进行对比分析，有助于分析处于不同发展时期城市群内产业分工对外围城市间区域差异的影响。

二、长三角和长江中游城市群内产业分工和外围城市间的区域差异的对比分析

（一）城市群内产业分工情况对比分析

1. 城市群整体空间产业分工指数的对比

长三角城市群整体空间产业分工指数从2003年的1.90上升到2018年的4.34，长江中游城市群整体空间产业分工指数从2003年的1.59上升到2018年的2.42（如表7-8所示）。数据说明两者城市群内产业分工都有发展，但长三角城市群产业分工发展深度明显高于长江中游城市群，即长三角城市群内部中心城市生产性服务业的集聚程度更高。

2. 中心城市产业分工指数的对比

长三角各中心城市的产业分工指数整体高于长江中游城市群。2018年长三角城市群中，除合肥市外，各中心城市产业分工指数均高于2003年，并且上海市和南京市的城市产业分工指数超过了2；长江中游城市群中，2018年武汉市的城市产业分工指数高于2003年，其余两座中心城市均低

于 2003 年，并且只有武汉市的城市产业分工指数高于 2（如表 7-8 所示）。以上数据变化说明长三角城市群内各中心城市的生产性服务业集聚程度均在上升，且不同中心城市的产业分工指数差异在缩小，即生产性服务业在中心城市集聚的同时，中心城市之间也形成了一定的分工；长江中游城市群内武汉市生产性服务业集聚程度快速上升，但其他两座中心城市生产性服务业的集聚程度与武汉市相比存在较大差异。

3. 外围城市产业分工指数的对比

与 2003 年相比，长三角城市群内除安徽省域内的外围城市外，2018 年多数外围城市的产业分工指数均显著下降，其中江苏省域内的外围城市的产业分工指数明显低于其他外围城市。与 2003 年相比，2018 年长江中游城市群内多数外围城市产业分工指数也在下降。将两个城市群进行横向对比，结果显示，长江中游城市群内多数外围城市产业分工指数高于长三角城市群。以上数据说明长三角城市群外围城市制造业集聚程度显著高于长江中游城市群。

对比长三角和长江中游城市群内产业分工情况，可以看出长三角城市群内产业分工发展深度明显高于长江中游城市群。长三角城市群内中心城市是生产性服务业集聚中心，外围城市是主要的制造业基地，基本形成由内向外、由高端到低端的层级分布格局；长江中游城市群中心城市生产性服务业集聚程度相对较低，城市群内产业分工水平落后于长三角城市群。

表 7-8 长三角和长江中游城市群内产业分工对比

长三角城市群			长江中游城市群		
城市	2003	2018	城市	2003	2018
城市群整体	1.90	4.34	城市群整体	1.59	2.42
上海市	1.45	2.32	南昌市	1.41	1.36
南京市	1.18	2.32	景德镇市	0.55	0.59
无锡市	0.67	0.41	萍乡市	0.52	0.75

续表

长三角城市群			长江中游城市群		
城市	2003	2018	城市	2003	2018
常州市	0.55	0.48	九江市	0.95	0.75
苏州市	0.42	0.29	新余市	0.61	0.47
南通市	0.53	0.51	鹰潭市	0.55	0.56
盐城市	1.08	0.86	宜春市	0.97	0.49
扬州市	0.63	0.58	上饶市	1.14	1.09
镇江市	0.83	0.71	武汉市	1.16	2.02
泰州市	0.73	0.62	黄石市	0.44	0.45
杭州市	1.41	1.83	荆州市	1.01	0.92
嘉兴市	0.84	0.41	宜昌市	1.00	0.77
湖州市	1.48	0.50	襄阳市	0.72	0.64
舟山市	1.62	2.35	鄂州市	0.69	0.40
金华市	1.94	0.97	荆门市	0.78	0.46
绍兴市	0.88	0.38	孝感市	0.77	0.57
温州市	0.77	1.01	黄冈市	1.52	0.56
台州市	1.45	0.52	咸宁市	0.94	2.45
宁波市	1.02	0.67	长沙市	2.00	1.72
宣城市	0.50	0.64	株洲市	0.78	0.78
滁州市	0.89	0.61	湘潭市	0.62	1.07
池州市	1.44	1.23	衡阳市	0.92	1.00
合肥市	1.44	1.26	岳阳市	0.94	0.81
铜陵市	0.39	0.66	常德市	1.49	1.68
马鞍山市	0.33	0.58	益阳市	1.64	1.50
芜湖市	0.50	0.66	娄底市	1.12	0.97
安庆市	1.09	0.65			

数据来源：根据《中国城市统计年鉴》(2004，2019) 计算所得。

(二)外围城市间的区域差异对比分析

1. 外围城市间的区域差异的绝对值分析

表7-9为长三角和长江中游城市群外围城市人均GDP极差,可以看到长三角城市群人均GDP极差一直高于长江中游城市群。以2018年最新数据为例,长三角城市群外围城市无锡市人均GDP最高,为174270元,安庆市人均GDP最低,为41088元,两者相差133182元,而同期长江中游城市群外围城市宜昌市人均GDP最高,为98269元,黄冈市人均GDP最低,为32124元,两者相差66145元。长三角城市群作为我国经济发展的龙头,近年来各城市人均GDP稳步增长,但长三角内部外围城市间最高值与最低值的差异远远大于长江中游城市群。

表7-9　长三角和长江中游城市群外围城市人均GDP极差　（单位：元）

城市群	2003	2010	2015	2016	2017	2018
长三角城市群	42817	75643	105601	112262	125460	133182
长江中游城市群	8018	42071	57727	62982	63793	66145

数据来源：根据《中国城市统计年鉴》(2004—2019)计算所得。

2. 泰尔指数及其贡献率的对比分析

图7-4和图7-5分别为长三角和长江中游城市群外围城市间区域差异的泰尔指数及其贡献率。从图7-4中可以看出,两者外围城市间区域差异的泰尔指数均呈下降趋势,但长三角城市群各年外围城市间区域差异的泰尔指数均大于长江中游城市群,说明长三角城市群内外围城市间的相对差异要高于后者。图7-5数据显示,长三角城市群外围城市间区域差异的贡献率在2003—2018年处于上升态势,从2003年的62.01%上升到2018年的83.58%,而同期长江中游城市群外围城市间区域差异的贡献率仅为29.13%和27.42%。从贡献率上分析,目前外围城市间区域差异是构成长三角城市群内区域差异的主要原因,而长江中游城市群内部区域差异则主要表现为中心和外围间的区域差异。

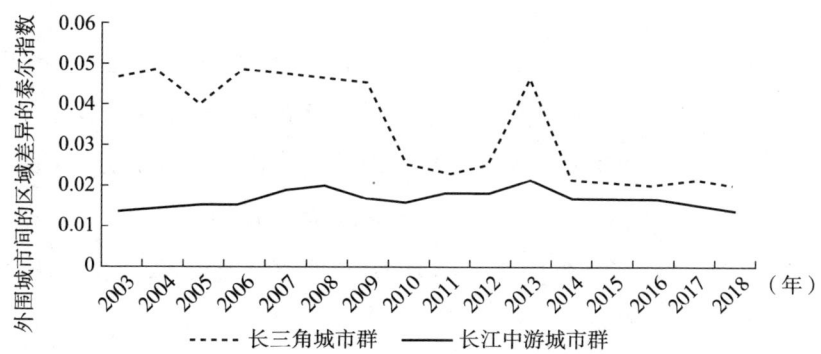

图 7-4　长三角和长江中游城市群外围城市区域差异的泰尔指数

数据来源：根据《中国城市统计年鉴》（2004—2019）计算所得。

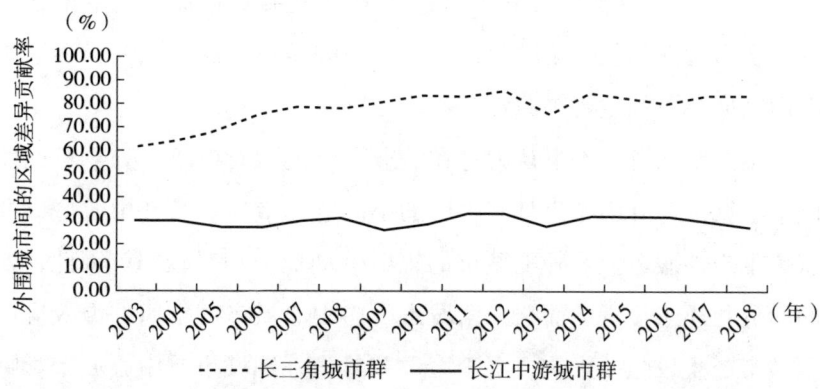

图 7-5　长三角和长江中游城市群外围城市间区域差异的贡献率

数据来源：根据《中国城市统计年鉴》（2004—2019）计算所得。

3. 外围城市间的区域差异空间数据对比分析

通过分析得出以下结论：第一，距离中心城市较近的区域人均 GDP 数值一般较高，而较远地区人均 GDP 数值一般也较低。第二，长三角城市群东部区域人均 GDP 显著高于西部地区，位于南京市和上海市之间的无锡、常州、苏州三市 2018 年人均 GDP 高于上海，发展潜力巨大，外围城市中人均 GDP 较低区域主要集中于安徽省境内。第三，长江中游城市群内三个中心城市分散分布，地理距离相距较远，各自以中心城市为中心形成相对独立的都市圈。外围城市与中心城市间的区域差异明显，绝大多数外围城市人均 GDP 处较低水平，2018 年外围城市人均 GDP 较 2003 年同质化区域面积更广。

总体来说，长三角和长江中游城市群外围城市间的区域差异呈现以下特点：第一，外围城市间的绝对区域差异不断扩大，但相对差异在缩小；第二，长三角城市群内区域差异主要是由外围城市间的区域差异构成的，而长江中游城市群内部区域差异则主要表现为中心和外围间的区域差异；第三，距离中心城市较近的区域，人均GDP数值一般较高，而较远地区人均GDP数值一般也较低。

通过长三角城市群和长江中游城市群产业分工和外围城市间的区域差异的对比分析，我们不禁要思考两个问题：一是为何两者外围城市间的区域差异呈现不同的特点？二是作为我国产业体系最完备、城镇化基础最好、综合实力最强的长三角城市群，为何外围城市间的区域差异逐渐成为城市群内区域差异的主要来源？

对于第一个问题，本书认为是在产业分工的大背景下，处于不同发展时期的中心城市对外围城市具有不同的空间外溢效应。长江中游城市群内中心城市生产性服务业对外围城市的辐射带动能力相对较弱。因此，外围城市间的分化还未显现。而长三角城市群内中心城市的空间外溢效应已经对外围城市产生较强的影响，由于区位差异，外围城市受中心城市影响力存在差异性，在外围城市内部已经产生一定程度的分化。

对于第二个问题，在第四章的机理分析中，本书提出由于受地理衰减规律和产业梯度转移的影响，近外围城市的制造业更容易受到中心城市生产性服务业发展带动，获得发展先机；而远外围城市由于距离中心城市较远，受中心城市空间外溢效应的影响较弱，使得近外围城市经济发展速度明显高于远外围城市。在循环累积因果效应的作用下，近外围城市和远外围城市间的区域差异逐渐扩大。

本节的实证检验部分将以上海和武汉为例，验证处于不同发展阶段的中心城市生产性服务业对于外围城市制造业生产效率的空间溢出能力是否相同，以及同一城市群内，不同地理位置的外围城市受中心城市影响力的差异性，从而验证前文的理论分析。

三、实证研究

（一）研究样本、模型设定、变量描述及数据来源

1. 研究样本

本节以长三角城市群和长江中游城市群为样本进行对比研究。上海作为我国国际经济、金融、贸易、航运、科技创新中心，对外围城市具有强大的辐射能力，故长三角城市群主要验证上海市生产性服务业对外围城市制造业效率的影响。长江中游城市群内三座中心城市存在一定的发展差异，武汉作为中心城市对外围城市的辐射能力较强，故长江中游城市群主要验证武汉市生产性服务业对外围城市制造业效率的影响，并将两者进行对比分析。

2. 模型设定

设定的计量模型如下：

$$efficiency_{it} = \theta_0 + \theta_1 spillover_{it} + \theta_2 X_{it} + \mu_i + \omega_{it} \tag{7.6}$$

其中，$efficiency_{it}$ 为被解释变量，代表外围城市制造业效率；$spillover_{it}$ 为核心解释变量，代表中心城市生产性服务业的空间外溢效应；X_{it} 代表控制变量；不可观测的随机变量 μ_i 代表个体异质性的截距项；ω_{it} 为随时间和个体而改变的扰动项。

3. 变量描述

（1）被解释变量

被解释变量为外围城市制造业效率（efficiency）。本书选用外围城市工业（人均）利润率来进行衡量，即工业利润与从业人员的比值，该指标可以从劳动效率的角度来衡量工业生产效率。

（2）核心解释变量和控制变量

①核心解释变量

核心解释变量为中心城市生产性服务业的空间外溢效应（spillover）。李伟等（2015）借鉴引力模型，认为长三角地区受到上海市生产性服务业的辐射程度和上海市生产性服务业发展程度、本地生产性服务业发展水平

以及城市之间的距离影响，提出生产性服务业空间外溢效应的测算公式。本书借鉴其计算方法，计算公式为：$spillover_{it} = \sqrt{\dfrac{service_{it} \times service_{jt}}{D_{ij}^2}}$，其中 $service_{it}$ 代表中心城市生产性服务业发展水平，$service_{jt}$ 代表外围城市生产性服务业发展水平，使用各城市生产性服务业增加值来衡量，D_{ij} 代表中心城市和外围城市间的几何中心距离，采用 Arcgis 软件计算获得。该公式的含义是：中心城市生产性服务业规模越大，对外围城市的空间外溢效应就越强；外围城市自身的生产性服务业发展程度越高，对中心城市生产性服务业的利用能力就越强，受到的外溢作用也会越强；中心城市和外围城市之间的距离越近，意味着贸易成本越低，辐射力度也越大。

②控制变量

物质资本投资（investment）。投资依然是城市经济增长的重要助推力，固定资产投资的多少从一定意义上看是城市经济活跃度的体现，尤其对制造业的作用更为显著。物质资本投资水平选取全社会固定资产投资占 GDP 的比重来衡量。

人力资本（human）。人力资本的高低体现一个城市的技术创新能力，是影响制造业生产效率的重要因素。人力资本水平选取普通高等学校在校学生数占常住人口数的比重来衡量，城市常住人口数使用 GDP 总量除以人均 GDP 进行估算。

政府干预（gov）。政府的适度引导、制定适宜的产业政策有助于当地制造业效率的提高，但过度干预则会妨碍资源的最优配置。政府干预水平选取财政支出扣除教育和科学事业支出后占 GDP 的比重来衡量。

金融业发展水平（finance）。金融的发展与制造业息息相关，为制造业的发展提供融资业务，提高制造业的发展水平，也是影响制造业生产效率的重要因素。金融业发展水平选取年末金融机构各项贷款余额占 GDP 的比重来衡量。

4. 数据来源

由于《中国城市统计年鉴》中工业企业利润数值从 2005 年开始有统

计数据,故本书选取长三角和长江中游城市群 2005—2018 年相关城市数据,数据来源于《中国城市统计年鉴》(2006—2019),对于个别缺失数据采用插值法补充,样本数据描述性统计见表 7-10。

从统计结果可以看出,长三角城市群外围城市制造业效率和中心城市生产性服务业空间外溢效应的均值显著高于长江中游城市群,人力资本、金融发展水平的指标也高于长江中游城市群,固定资产投资和政府干预指标的均值低于长江中游城市群。

表 7-10 样本数据描述性统计

区域	长三角城市群各变量的描述性统计					长江中游城市群各变量的描述性统计				
变量	观察值	均值	标准误	最小值	最大值	观察值	均值	标准误	最小值	最大值
efficiency	322	12.8289	8.4288	0.3172	50.3210	322	9.5383	8.4404	-0.0546	70.1908
spillover	322	12.8811	15.3217	0.7024	102.5798	322	0.0041	0.0042	0.0004	0.0347
investment	322	0.6814	0.2503	0.3129	1.3895	322	0.7351	0.2697	0.2268	1.4366
human	322	0.0163	0.0103	0.0007	0.0586	322	0.0121	0.0090	0.0022	0.0534
gov	322	0.0983	0.0421	0.0413	0.2375	322	0.1252	0.0365	0.0548	0.2249
finance	322	1.2443	0.4880	0.3747	3.0766	322	0.8303	0.3470	0.2905	2.5179

数据来源:根据《中国城市统计年鉴》(2006—2019)计算所得。

(二)模型回归分析

1. 长三角和长江中游城市群基本模型回归结果的对比分析

表 7-11 和表 7-12 分别为上海市和武汉市生产性服务业发展与外围城市制造业生产效率关系的实证结果。为验证结果的稳健性,本书采用对控制变量逐个代入的方式,考察在控制相应变量后二者之间的关系。实证结果表明,上海市和武汉市生产性服务业对外围城市制造业生产效率的影响能力存在较大的差异性。

表 7-11 显示随着控制变量的逐步代入,各变量系数较为一致,说明上海市生产性服务业的空间外溢效应与外围城市制造业效率呈现正相关关系且较为稳定。服务业的空间外溢效应 spillover 的系数均为正,且都通过了 1% 的显著性检验,说明上海市生产性服务业的发展可以显著促进长三角城市群内外围城市制造业生产效率的提高。具体表现为:当服务业外溢

程度每提高 1%，可以刺激外围城市制造业效率上升 11.5%。这说明上海市生产性服务业和外围城市的制造业形成了良好的协同发展效应和区域间产业溢出效应，服务业的发展可以多方面促进制造业效率的提高，让制造业从外部服务创新中获益。

表 7-12 中模型 6 显示武汉市生产性服务业的空间外溢效应 spillover 的系数显著为正，但随着控制变量的逐步代入，系数变得不再显著，说明相对于其他因素，武汉市生产性服务业对外围城市制造业效率的影响力较弱。武汉市生产性服务业的发展目前还未对外围城市制造业形成显著的空间外溢效应。

两者控制变量的实证结果基本相同，物质资本投资和政府干预对外围城市制造业效率的提升具有显著正向影响，但人力资本影响力并不显著。长江中游城市群内金融发展水平对外围城市制造业效率提高的影响力非常显著，说明资本的影响力在长江中游城市群更为显著。

表 7-11 和表 7-12 的实证结果说明，长三角和长江中游城市群的产业分工处于不同时期，相应地中心城市生产性服务业对外围城市制造业影响力也不相同。长三角城市群中心城市生产性服务业的空间外溢效应已经显现，但对于外围城市的空间外溢效应是否存在地理衰减规律，需进一步验证。

表 7-11 上海市生产性服务业发展与外围城市制造业生产效率关系的实证结果

解释变量	模型 1	模型 2	模型 3	模型 4	模型 5
spillover	0.249*** (0.0410)	0.174*** (0.0368)	0.170*** (0.0364)	0.102*** (0.0344)	0.115*** (0.0352)
investment		19.78*** (2.096)	18.99*** (2.085)	5.995** (2.552)	6.189** (2.548)
human			274.0*** (91.12)	102.8 (86.29)	82.93 (86.91)
gov				159.7*** (20.84)	169.9*** (21.70)
finance					-1.879 (1.153)

续表

解释变量	模型1	模型2	模型3	模型4	模型5
_cons	9.628*** (0.647)	-2.898** (1.444)	-6.770*** (1.920)	-9.946*** (1.805)	-8.579*** (1.986)
N	322	322	322	322	322
R2	0.110	0.315	0.336	0.446	0.451

注：* 表示 p<0.1，** 表示 p<0.05，*** 表示 p<0.01。

表7-12 武汉市生产性服务业发展与外围城市制造业生产效率关系的实证结果

解释变量	模型6	模型7	模型8	模型9	模型10
spillover	1154.9*** (124.9)	35.04 (169.1)	4.937 (170.5)	29.78 (171.2)	13.13 (169.8)
investment		18.08*** (2.054)	17.42*** (2.114)	14.29*** (3.071)	12.39*** (3.138)
human			151.7 (117.5)	130.1 (118.3)	114.5 (117.4)
gov				30.05 (21.41)	37.10* (21.41)
finance					4.261** (1.710)
_cons	4.789*** (0.628)	-3.896*** (1.134)	-5.121*** (1.477)	-6.421*** (1.742)	-9.193*** (2.054)
N	322	322	322	322	322
R2	0.223	0.384	0.387	0.391	0.404

注：*p 表示<0.1，** 表示 p<0.05，*** 表示 p<0.01。

2. 分地区回归结果分析

为进一步验证上海市生产性服务业的空间外溢效应是否存在地理衰减规律，即对不同区位的外围城市是否存在空间差异，分地区进行实证检验，检验结果如表7-13所示。对比江苏省、浙江省和安徽省的回归结果，可以明显看到上海市生产性服务业对江苏省和浙江省内的外围城市制造业效率的提升均存在显著的正向影响，但对安徽省内外围城市制造业效率的影响却并不显著。从地理距离分析，安徽省内外围城市与上海市的地理距离相对较远，并且其融入长三角一体化发展的时间晚于江苏省和浙江省内各市，其制造业与上海市生产性服务业的产业关联相对较弱，故上海市生产性服务业对其制造业的影响力并不显著。表7-13的实证结果说明，同一中心城市对不同区位外围城市的空间外溢效应与地理距离密切相关，随着地理距离的增加，中心城市的空间外溢效应逐渐减弱。

表7-13 分地区实证结果

解释变量	江苏省		浙江省		安徽省	
service	0.178*** (0.0441)	0.135*** (0.0438)	0.381*** (0.0395)	0.380*** (0.0592)	2.723*** (0.496)	0.963 (0.716)
investment		4.996 (6.948)		-1.635 (3.126)		-0.967 (5.702)
human		239.6 (162.7)		4.320 (107.8)		29.26 (159.9)
gov		332.9*** (42.88)		10.70 (24.06)		217.1*** (43.17)
finance		-9.022*** (3.093)		-0.636 (0.656)		-1.444 (4.348)
_cons	11.59*** (1.151)	-10.70** (4.235)	3.961*** (0.485)	4.983** (2.035)	4.557** (1.986)	-17.24*** (4.299)
N	112	112	104	104	91	91
R2	0.136	0.582	0.495	0.502	0.267	0.561

注：*表示 $p<0.1$，**表示 $p<0.05$，***表示 $p<0.01$。

四、主要结论

本节首先通过统计性描述发现长三角城市群地区内区域差异主要是由外围城市间的区域差异构成的，而长江中游城市群内区域差异则主要表现为中心和外围间的区域差异。为探究这一现象形成的原因，即在产业分工的大背景下，为何处于不同分工阶段的中心城市对外围城市具有不同的空间外溢效应？为何同一中心城市对不同区位的外围城市也具有不同的空间外溢效应？本书在前文理论分析的基础上进行相关实证检验，实证结果显示：

第一，上海市和武汉市生产性服务业对外围城市制造业生产效率的影响能力存在较大的差异性。上海市生产性服务业的发展可以显著促进长三角城市群内外围城市制造业生产效率的提高；武汉市生产性服务业的发展目前还未对外围城市制造业形成显著的空间外溢效应。说明处于不同分工阶段的中心城市具有不同的空间外溢效应，从而对外围城市产生不同的影响力。

第二，上海市生产性服务业对江苏省和浙江省内的外围城市制造业效率的提升均存在显著的正向影响，但对安徽省内外围城市制造业效率的影响却并不显著，说明中心城市生产性服务业对不同区位外围城市制造业发展的影响力存在空间差异性。由于区位差异，近外围城市比远外围城市能够获取更多的发展先机，这也提示我们在城市群的发展过程中，远外围城市的发展对城市群协同发展具有重要作用，尤其是处于省区交界地带的远外围城市。因此，要想实现城市群协同发展的目标，在制定城市群发展规划和产业发展政策时需要重点关注远外围城市的发展需求。

第四节　本章小结

本章从城市群总体空间差异、中心和外围间的区域差异、外围城市间的区域差异三个空间层次对城市群内产业分工与区域差异之间的关系进行研究。研究结果表明：第一，除京津冀城市群和长江中游城市群外，城市群内产业分工的深化能缩小城市群总体空间差异，促进城市群经济发展趋同；第二，城市群内产业分工与中心和外围间的区域差异之间存在倒"U"型关系，即城市群内产业分工在初期会扩大中心与外围间的区域差异，但伴随着分工的演进，当城市群内产业分工超过"拐点"后，二者的区域差异会缩小；第三，长三角城市群地区内区域差异主要是由外围城市间的区域差异构成的，而长江中游城市群内区域差异则主要表现为中心和外围间的区域差异，形成这一现象的主要原因是处于不同发展时期的中心城市对外围城市具有不同的空间外溢效应，同一中心城市对不同区位的外围城市也具有不同的空间外溢效应。

区域经济的非均衡发展一直是我国学术界普遍关注的问题。众所周知，区域经济的非均衡发展不仅会造成资源空间配置的失衡、区域经济发展机会的不均等，而且会带来一系列社会问题，最终会危及社会经济的健康、持续与和谐发展。那么这是否意味着区域内不存在区域差异就是最优状态呢？其实也不尽然，如果区域内缺少带动并辐射其他地区的增长极，就会使得区域间竞争加剧，反而不利于区域经济的发展。因此，我们需要正确认识城市群内不同类型的区域差异，既要促进城市群协同发展，也要增强中心城市的辐射带动能力。

从上述研究结论可以看出城市群内产业分工能够缩小总体空间差异，说明进一步深化城市群内产业分工有助于促进城市群协同发展，因此，应以推进城市群内各城市间专业化分工协作为导向，推动中心城市产业高端化发展，夯实中小城市制造业基础，促进城市功能互补、产业错位布局和特色化发展。同时我们应当认识到中心和外围之间的区域差异不可能消除，两者存在一定的经济发展差异符合经济发展自然规律，是资源在空间层面配置所呈现的基本规律。但我们可以对中心城市的"外溢效应"进行更深入的研究，不断扩大其对外围城市的影响力，将中心和外围之间的区域差异控制在一定合理范围之内。而外围城市间的发展不平衡是我们在城市群内产业分工深入发展阶段需要关注的问题，并且这一问题在长三角城市群内已经显现，如何促进远外围城市获得更多分工收益是需要进一步深入研究的问题。

第八章
结论、建议及研究方向

第一节　主要结论

为了更清楚、更全面地把握城市群内新型产业分工的形成过程及其对区域差异的影响机理和效应，在对城市群内产业分工形成过程进行分析的基础上，本书借鉴泰尔指数对区域差异的分解思路，从城市群总体空间差异、中心和外围间的区域差异、外围城市间的区域差异三个空间层次，探讨分工对不同空间层次区域差异的影响机理和效应。具体从以下几个方面展开研究：第一，从国内国外两方面对城市群内产业分工形成过程进行梳理，并在此基础上对城市群内产业分工模式进行分析；第二，通过模型构建和理论分析对城市群内产业分工形成机理进行探讨，并从三个空间层次分析城市群内产业分工对区域差异的影响机理；第三，以东部和中西部城市群 2003—2018 年的数据为研究样本，对城市群内产业分工和区域差异的演变趋势进行测算和分析；第四，在理论分析的基础上构建面板回归模型，实证检验城市群内产业分工的驱动因素和城市群内产业分工对三个不同空间层次区域差异的影响。本书的主要结论如下：

一、城市群内产业分工不断深化，但不同城市群间存在差异性

从城市群空间产业分工指数可以看出，2003—2018 年我国城市群空间产业分工水平整体在提高，但不同城市群的空间产业分工水平存在较大的差异性；对比分析东部城市群和中西部城市群内各城市产业分工发展情况，可以看出东部城市群内的产业分工态势基本形成并且较为稳定，中西部城市群的产业分工发展程度明显落后于东部城市群。

二、城市群内不同空间层次的区域差异呈现不同特点，外围城市间的区域差异值得关注

从城市群总体、中心和外围间以及外围城市间三个空间层次对城市群内的区域差异进行测度。根据测度结果发现：从城市群总体空间层面分析，多数城市群内的绝对差异仍在扩大，但相对差异不断缩小，除京津冀和长江中游城市群外，各城市群2018年人均GDP加权变异系数和泰尔指数均低于2003年；从中心和外围空间层面分析，2003—2018年，不同城市群内中心城市和外围间的区域差异走势存在较大的差异性，同一城市群内不同中心城市和外围间的区域差异走势也不相同；从外围城市空间层面分析，泰尔指数贡献率计算结果显示，外围城市间区域差异是长三角城市群内区域差异形成的主要原因，其余城市群内的区域差异则主要表现为中心和外围间的区域差异。

三、城市群内产业分工的形成受多种驱动因素的影响，不同因素对中心城市和外围城市的影响力不同

理论分析认为相对比较成本、通信和交通技术水平、市场范围、外部性、集聚程度、生产技术的创新以及政府调控均会对城市群内产业分工产生影响力。实证检验显示市场范围、外部性对中心城市和外围城市的作用力较为一致，说明亚当·斯密的"市场范围"假说以及马歇尔的外部性理论在本书研究的样本内是成立的。集聚程度在中心城市的影响力较为明显，而比较优势在外围城市更为突出。对于交通和通信技术的进步以及政府调控因素的作用，有待优化代理变量进一步检验。

四、城市群内产业分工的深化能缩小城市群总体空间差异，促进城市群经济发展实现趋同

第一，理论分析认为城市群内产业分工能够发挥城市间相对比较优势、增强城市间经济和社会联系、深化跨区域政府间合作，从而缩小城市群总体空间差异。

第二，实证检验显示，除京津冀和长江中游城市群外，均符合这一结

论。无论从中心城市角度验证，还是从外围城市角度验证，城市群内产业分工的深化均能缩小城市群总体空间差异，促使城市群经济发展逐渐趋同。

五、在虹吸效应和空间外溢效应共同作用下，城市群内产业分工与中心和外围间的区域差异之间存在倒"U"型关系

第一，理论分析认为城市群内产业分工之所以会对中心和外围间的区域差异产生影响，主要是中心城市对外围城市同时具有正向的外部影响（空间外溢效应）和负向的外部影响（虹吸效应），这两种力量在不同时期的影响力具有一定的差异性，从而决定中心和外围间的区域差异是相对扩大还是缩小。

第二，实证检验这一理论假设，发现城市群内产业分工与中心和外围间的区域差异存在倒"U"型关系。即城市群内产业分工在初期会扩大中心与外围间的区域差异，但伴随着分工的演进，当城市群内产业分工超过"拐点"后，二者的区域差异会缩小。东部城市群与中西部城市群存在差异性，已跨越"拐点"的中心城市绝大多数位于东部城市群；中西部城市群内中心城市的产业分工指数虽然大幅度上升，但绝大多数还位于"拐点"之下，或在近些年份开始接近"拐点"，未来有可能缩小中心和外围间的区域差异。

六、在地理衰减规律和产业梯度转移规律作用下，外围城市间的区域差异决定于相同分工阶段区位差别的影响

第一，理论分析认为随着城市群内产业分工的发展，受地理衰减规律和产业梯度转移的影响，外围城市间的区域差异将成为城市群内区域差异形成的主要来源，这一现象在长三角城市群内部已经显现。

第二，通过长三角城市群和长江中游城市群的对比分析及实证检验，发现形成这一现象的主要原因是处于不同发展时期的中心城市对外围城市具有不同的空间外溢效应，同一中心城市对不同区位的外围城市也具有不同的空间外溢效应，从而造成长三角城市群内近外围城市和远外围城市间形成新的区域差异。

第二节 政策建议

一、优化城市群内产业分工，提升城市群协同发展水平

城市群发展过程中产业是城市发展的经济动力，城市是产业发展的空间载体，产业如何在城市空间范围内基于各自的相对比较优势合理分布是缩小区域差异、促进城市群协同发展的一个关键性问题。合理的产业分工能够实现各城市优势互补，产生最大效益，形成整合优势和集聚优势，无序的产业发展则会产生城市间产业同构，导致城市间的产业冲突，降低城市群的整体竞争力。城市群内产业分工的发展方向是形成城市间功能互补、产业错位布局的分工协作体系，以产业发展带动城市群高质量发展。建议根据城市群总体发展目标，制定科学合理的产业发展政策，引导产业在城市群中不同城市间合理布局，充分发挥产业协作的基础性引领作用，并逐步带动经济、社会和文化等全方位合作，最终实现城市群的良性协同发展。

作为城市群的中心城市，产业应逐渐向高端化发展，形成以生产性服务业与高端制造业为主的产业结构。重点发展科技研发、金融服务、商务会展等生产性服务业，使中心城市成为区域经济发展的思想、科技、创意的创造中心和溢出中心。并依托中心城市技术优势重塑核心高端制造业竞争优势，以核心高端制造业引领外围城市制造业的发展，促进中心城市生产性服务业与高端制造业的深度融合。

外围城市应充分利用"成本洼地"的优势，优化营商环境，合理规划优势产业、积极主动承接中心城市转移产业，推动中心城市的科技成果优先在外围城市孵化和产业化，形成具有地方特色和优势的产业集群。加强与中心城市产业技术合作，共建共享面向主导产业发展的研发平台、产业技术转化平台、公共技术平台，多方面夯实制造业发展基础。

二、扩大中心城市的空间外溢效应，发挥城市群内产业分工的正向影响

当中心城市发展处于集聚阶段时，中心和外围间的区域差异会持续扩大。在此种情况下，我们不要被短期和暂时的中心和外围间的区域差异的扩大所影响，应当认识到城市群内中心和外围间的区域差异不可能消除，两者存在一定的经济发展差异符合经济发展自然规律，是资源在空间层面配置所呈现的基本规律。应该坚定强化城市间产业分工的信心，坚持产业转移与产业优化提升相结合，引导不适宜中心城市产业发展的制造业向外围城市转移，积极提升中心城市制造业的产业层次，并增强核心城市生产性服务业对外围城市制造业发展的支持力度。对于中心和外围间的区域差异，我们既要认识到中心城市的"空间外溢效应"显现需要一个过程，但也不能机械等待产业分工"拐点"的到来。应当对中心城市的"外溢效应"进行更深入的研究，综合考虑不同城市群内产业类别、布局、结构等多方面因素的影响，不断提升中心城市对外围城市的辐射影响力，尽早让中心城市的"空间外溢效应"产生明显的正向影响，将中心和外围间的区域差异控制在一定合理范围之内。

三、重视外围城市间的区域差异，细化区域发展政策

在城市群内生产性服务业与制造业协同集聚的基础上形成的"中心—外围"空间结构使得不同产业类型在不同区域集聚，从而形成显著的经济活动空间差异性。而这种差异性或异质性不仅体现在以城市群为整体的区域范围内、城市群的中心和外围间，而且还体现在城市群的外围区域内部。外围城市间的区域差异虽然目前并不十分突出，却是我们在城市群内产业分工深入发展阶段需要关注的重点问题。区域经济理论认为，一个区域的发展往往是以若干个增长极为中心，逐步辐射周围地区，促进本区域的发展。在各区域的发展规划和生产力布局中，往往以中心城市及邻近周围地区为主体，远外围城市很难得到应有的重视。城市群内外围城市数量众多，部分远外围城市产业基础相对薄弱，解决远外围城市的产业发展问

题，是城市群实现协同发展的关键所在。基于研究结论，本书认为政府在制定城市群发展规划时应重视外围城市间的区域差异，建立科学、合理、有效的制度安排来弥补市场机制的不足，进一步引导、规范区域经济一体化的发展。因此，应进一步细化区域发展政策，在政策制定时更多地向远外围城市倾斜，促使远外围城市获得更多分工收益。同时，远外围城市要辩证地看待自身的区位劣势，思考如何发掘区域特色优势资源，重新定位，把依托区域整体优势作为城市发展的战略重点，进一步强化与中心城市的经济协作与联合，突破有形的边界限制。

四、加快中西部城市群内产业分工的发展，缩小城市群间的发展差异

中西部城市群目前处于产业分工的初级阶段，分工水平不高，一些城市群的中心城市目前仍处于生产性服务业和制造业协同集聚的发展状态，对外围城市经济发展的集聚效应大于扩散效应。因此，加快中西部城市群产业分工的发展，对于提升中西部城市群整体发展质量具有重要意义。

对于中西部城市群来说，增强中心城市的集聚与扩散效应是优化城市群内分工的关键。中西部城市群的中心城市，未来一段时间仍处于存量积累阶段，但要处理好集聚与扩散之间的关系。要进一步做大做强中心城市，增强中心城市的辐射能力，同时要加强中心城市与外围城市之间在人才、信息、物资等方面的交流，带动外围城市的发展。

中心城市的产业发展方向是提升生产性服务业的占比，尤其是加快高端生产性服务业的发展。鉴于中西部的中心城市多为区域航运中心，应结合产业基础加快以国际航运中心为主的现代服务业发展，弥补区位劣势。在提升服务功能的同时还要兼顾制造业功能，协调好城市空间布局中生产性服务业和制造业的布局关系。制造业从中心城市的转移要逐步推进，可以利用传统优势，提升中心城市制造业在产业链上的位置，逐渐将中心城市内的组装、加工、零配件生产等制造环节转移到外围城市。

五、推进城市群基础设施及公共服务一体化，减少要素流动障碍

城市群内产业分工的形成和发展是城市专业化收益与城市间经济联系所产生的交易费用相互权衡的结果。城市群内人才流动、货物运输、产业转移等的成本越低，分工越有可能在一定的空间范围内更加优化，取得更大的分工收益。因此，应推进城市群基础设施及公共服务一体化，减少要素流动障碍，从而更好地服务于产业协作，提升城市群协同发展水平。

第一，应继续加大城市群内基础设施一体化投资建设力度，建成以轨道交通、公路交通为核心的现代化立体交通格局。重点贯通严重影响城市间连通性的"瓶颈路""断头路"，实现与中心城市距离较远的外围城市的互联互通，变中心城市与外围城市间的空间距离为时间距离。

第二，推动城市群内户籍制度、就业制度、社会保障制度的联动改革和一体化改革，提高区域内人员流动的自由度。因此，应重点缩小中心城市与外围城市之间医疗卫生、文化教育、健康养老等公共服务方面的差异。开展基本公共服务领域内的深度合作，构建区域内统一化、标准化的公共服务体系，实现跨区域医疗合作、教育资源共享、就业机会均等化等，减少要素流动、产业转移的制约因素，为中心城市与外围城市产业分工的进一步深化创造基础条件。

第三节　进一步研究的方向

本书从理论与实证的角度分析了城市群内产业分工及其对区域差异的影响，得出了一些有益的结论，但是从研究的过程来看还存在一些问题需要进一步深入思考和研究。具体包括以下两个方面：

第一，理论模型的基本假设有待进一步放松。由于理论模型中的某些假定条件与现实情况存在较大差距，比如假定管理人员在两区域不能流动等，这些假设会影响基于理论模型所得出的结论对现实问题解释的可信度。为此，未来有必要放松部分假设条件做进一步的深入研究。

第二，城市群内外围城市之间产业分工的讨论。本书对城市群内中心城市与外围城市之间的产业分工进行了详细的指标计算，但对于制造业在外围城市之间的分布并未进行讨论，完整的产业分工体系不仅是中心城市与外围城市之间的分工，外围城市之间也会依据各自的优势在制造业环节内进行细分，但由于缺失具体的制造业细分数据，没有对外围城市之间的分工进行描述。因此，通过详细、微观的数据对外围城市之间的分工进行刻画，是本人在今后的研究中进一步努力的方向。

参 考 文 献

[1] Alex and Anas, Kim I. General equilibrium models of polycentric urban land use with endogenous congestion and job agglomeration [J]. Journal of Urban Economics, 1996, 40 (2): 232-256.

[2] Antonelli C. Localized technological change, new information technology and the knowledge-based economy: The European evidence [J]. Journal of Evolutionary Economics, 1998, 8 (2): 177-198.

[3] Arndt S W. Globalization and the open economy [J]. North American Journal of Economics & Finance, 1997, 8 (1): 71-79.

[4] Audretsch D, Falck O, Heblich S. Who's got the aces up his sleeve? Functional specialization of cities and entrepreneurship [J]. The Annals of Regional Science, 2011, 46 (3): 621-636.

[5] Azariadis C, J Stachurski. Poverty traps [C]. Handbook of economic growth. Elsevier, Amsterdam, The Netherlands, 2005: 295-384.

[6] Bade, Franz-Josef, Laaser, Claus-Friedrich, Soltwedel, Rüdiger. Urban specialization in the internet age: Empirical findings for Germany [R]. Kiel Working-Paper, 2004.

[7] Baldwin R, Forslid R, Martin P, et al. Economic Geography and Public Policy [J]. Princeton University Press, 2003.

[8] Barrett S. Associations provide industry coordination and outreach in North America [J]. Fuel Cells Bulletin, 2010 (8): 12-15.

[9] Cédric Brunelle, Mario Polèse. Functional specialization across space: A case study of the Canadian Electricity Industry, 1971-2001 [J]. Canadian

Geographer, 2008, 52 (4): 486-504.

[10] D. W. Hughes, D. W. Holland. Core–Periphery Economic Linkage: A Measure of Spread and Possible Backwash Effects for the Washington Economy [J]. Land Economics, 1994 (3): 364-377.

[11] Deardorff A V. Fragmentation in simple trade models [J]. The North American Journal of Economics and Finance, 2001 (12).

[12] Dixit A K, Stiglitz J E. Monopolistic Competition and Optimum Product Diversity [J]. The American Economic Review, 1977, 67 (3).

[13] Duranton G, Puga D. From sectoral to functional urban specialisation [J]. Journal of Urban Economics, 2005 (2): 343-370.

[14] Ellison G, Glaeser E L, Kerr W R. What Causes Industry Agglomeration? Evidence from Coagglomeration Patterns [J]. American Economic Review, 2010, 100 (3): 1195-1213.

[15] Englmann F C, Walz U. Industrial Centers and Regional Growth in the Presence of Local Inputs [J]. Journal of Regional Science, 1995, 22 (6): 22-31.

[16] Ettlinger N, Clay B. Spatial Divisions of Corporate Services Occupations in the United States, 1983–1988 [J]. Growth & Change, 2010, 22 (1): 36-53.

[17] Findings for Germany [R]. Kieler Arbeitspapiere, 2004.

[18] Friedmann J. The World City Hypothesis [J]. Development and Change, 1986, 17 (1): 69-83.

[19] Fujita M, Krugman P, Venables A J. The Spatial Economy: Cities, Regions, and International Trade [J]. MIT Press Books, 2001 (1): 283-285.

[20] Fujita M, Mori T. Frontiers of the New Economic Geography [J]. Papers in Regional Science, 2005, 84 (3).

[21] Fujita M, Tabuchi T. Regional growth in postwar Japan [J]. Regional Science & Urban Economics, 1997, 27 (6): 643-670.

[22] G. Ellison, E. L. Glaeser. Geographic Concentration in U. S. Manufacturing

Industries: A Dartboard Approach [J]. Journal of Political Economy, 1997, 105 (5): 889-927.

[23] Gal Y, Gal A, Hadas E. Coupling tourism development and agricultural processes in a dynamic environment [J]. Current Issues in Tourism, 2010, 13 (3): 279-295.

[24] Gallego J, Maroto, Andrés. The Specialization in Knowledge-Intensive Business Services (KIBS) across Europe: Permanent Co-Localization to Debate [J]. Regional Studies, 2013, 49 (4): 644-664.

[25] Gaspar J, Glaeser E L. Information technologyand the future of cities [J]. Journal of Urban Economics, 1988 (43): 136-156.

[26] Gottmann J. Megalopolis or the Urbanization of the Northeastern Seaboard [J]. Economic Geography, 1957, 33 (3): 189-220.

[27] Gottmann J. Megalopolis or the Urbanization of the Northeastern Seaboard [J]. Economic Geography, 1957, 33 (3): 189.

[28] Guimaraes P, Figueiredo O, Woodward D. Agglomeration and the Location of Foreign Direct Investment in Portugal [J]. Journal of Urban Economics, 2000, 47 (1): 115-135.

[29] Head, Keith, Mayer, Thierry. The empirics of agglomeration and trade [J]. Handbook of Regional & Urban Economics, 2004, 4 (4): 2609-2669.

[30] Henderson J V, Ono Y. Where do manufacturing firms locate their headquarters? [J]. Journal of Urban Economics, 2008, 63 (2): 431-450.

[31] Hsieh C T, Klenow P J. Misallocation and manufacturing TFP in China and India [J]. Quarterly Journal of Economics, 2009, 124 (4): 1403-1448.

[32] Jed Kolko. Agglomeration and Co - Agglomera - tion of Services Industries [R]. MPRA Paper No. 3362, 2007.

[33] Kolko J. Can I get some service here? Information technologies, service industries and the future of cities [R]. Working Paper, Harvard Univer-

sity, 1999.

[34] Krugman P R. A Model of Innovation, Technology Transfer, and the World Distribution of Income [J]. Journal of Political Economy, 1979, 87 (2): 253-266.

[35] KrugmanP R. Increasing Returns and Economic Geography [J]. Journal of Political Economy, 1990, 99 (3): 483-499.

[36] Krugman P R. Geography and trade [M]. MIT press, 1991.

[37] Lavesson N. How does distance to urban centres influence necessity and opportunity-based firm start-ups? Distance to urban centres and firm start-ups [J]. Papers in Regional Science, 2017 (4): 1279-1303.

[38] M. S. Henry, B. Schmitt, K. Kristensen et al. Extending Carlino-Mills Models to Examine Urban Size and Growth Impacts on Proximate Rural Areas [J]. Growth & Change, 1999 (4): 526-548.

[39] McGee, T. G. The Emergence of Megaurban Regions in Asia: A Research Proposal. Institute of Asian Research [M]. University of British Colombia (Unpublished Manuscript), 1989.

[40] McGee, T. G. New Regions of Emerging Rural-Urban Mix in Asia: Implications for National and Regional Policy [R]. Emerging Urban – Regional Linkages: Challenge for Industrialization, Employment and Regional Development, 1989.

[41] Meliciani V, Savona M. The Determinants of Regional Specialisation in Business Services: Agglomeration Economies, Vertical Linkages and Innovation [J]. SPRU Working Paper Series, 2015 (2).

[42] Michiko Iizuka, Mulu Gebreeyesus. Discovery of Flower Industry in Ethiopia: Experimentation and Coordination [J]. Journal of Globalization and Development, 2012 (2): 321-332.

[43] Nobuko Kato. Cooperation of Industries Between Japan & Vietnam [J]. Economy, Culture & History Japan Spotlight Bimonthly, 2016 (2): 56-57.

[44] Olga Alonso-Villar, José-María Chamorro-Rivas. How do Producer Services Affect the Location of Manufacturing Firms? The Role of Information Accessibility [J]. Environment and Planning A, 2001, 33 (9): 1621-1642.

[45] Ota Mitsuru, Fujita M. Communication Technologies and Spatial Organization of Multi-unit Firms in Metropolitan Areas [J]. Regional Science and Urban Economics, 1993 (6).

[46] R. Graham, H. Haken. Generalized thermodynamic potential for Markoff systems in detailed balance and far from thermal equilibrium [J]. Zeitschrift Für Physik, 1971, 243 (3): 289-302.

[47] Richardson H W. Growth Pole Spillover: the Dynamics of Backwash and Spread [J]. Regional Studies, 1976 (10): 1-9.

[48] S. L. Lan, Ray Y. Zhong. Coordinated Development between Metropolitan Economy and Logistics for Sustainability [J]. Resources, Conservation & Recycling, 2016.

[49] Schiller D, Burger M J, Karreman B. The functional and sectoral division of labour between? Hong Kong and the Pearl River Delta: from complementarities in production to competition in producer services? [J]. Environment and Planning A, 2015, 47 (1): 188-208.

[50] Venables A J. Equilibrium Locations of Vertical Linked Industries [J]. International Economic Review, 1996, 37 (2).

[51] Venables A J. Fragmentation and multinational production [J]. European Economic Review, 1998, 43 (4-6): 935-945.

[52] Lanaspa L, Sanz-Gracia F, Vera-Cabello M. The (Strong) Interdependence between Intermediate Producer Services' Attributes and Manufacturing Location [J]. Economic Modelling, 2016, 57: 1-12.

[53] Alonso W. Location and land use [M]. Cambridge, MA: Harvard University Press, 1964.

[54] Henderson J V. The sizes and types of cities [J]. American Economic Review, 1974, 64 (5): 640-656.

[55] Fujita M, Krugman P, Mori T. On the evolution of hierarchical urban systems [R]. Working Paper No. 419, Institute of Economic Research, Kyoto University, 1995.

[56] M. Fujita, P. Krugman & A. Venables, The Spatial Economy [M]. Cambridge, MA: MIT Press, 1999.

[57] 薄文广,陈飞. 京津冀协同发展:挑战与困境 [J]. 南开学报(哲学社会科学版),2015(1):110-118.

[58] 蔡海峰. 城市群功能专业化分工测度与影响因素研究 [D]. 广州:暨南大学,2016.

[59] 柴志贤,何伟财. 城市功能、专业化分工与产业效率 [J]. 财经论丛(浙江财经大学学报),2016(11):11-19.

[60] 陈凡,胡涓. 中外城市群与辽宁带状城市群的城市化 [J]. 自然辩证法研究,1997(10):48-53.

[61] 陈国亮,陈建军. 产业关联、空间地理与二三产业共同集聚——来自中国212个城市的经验考察 [J]. 管理世界,2012(4):88-106.

[62] 陈国亮. 新经济地理学视角下的生产性服务业集聚研究 [J]. 浙江大学,2010.

[63] 陈建军,陈菁菁,陈怀锦. 我国大都市群产业——城市协同治理研究 [J]. 浙江大学学报(人文社会科学版),2018(5):166-176.

[64] 陈建军,陈菁菁. 生产性服务业与制造业的协同定位研究——以浙江省69个城市和地区为例 [J]. 中国工业经济,2011(6):141-150.

[65] 陈建军,刘月,邹苗苗. 产业协同集聚下的城市生产效率增进——基于融合创新与发展动力转换背景 [J]. 浙江大学学报(人文社会科学版),2016(3):150-163.

[66] 陈建军,郑广建,刘月. 高速铁路对长江三角洲空间联系格局演化的影响 [J]. 经济地理,2014(8):54-60.

[67] 陈建军. 长江三角洲地区产业结构与空间结构的演变 [J]. 浙江大学学报(人文社会科学版),2007(2):88-98.

[68] 陈路,孙博文,谢贤君. 产业集聚的经济增长溢出效应——基于

新经济地理学视角［J］. 首都经济贸易大学学报，2019（4）：42-52.

［69］陈宁. 中国城镇化及城市群协调发展的战略与对策［J］. 改革与战略，2014（4）：109-112.

［70］陈耀，陈梓，侯小菲. 京津冀一体化背景下的产业格局重塑［J］. 天津师范大学学报（社科版），2014（6）：1-6.

［71］陈耀，汪彬. 大城市群协同发展障碍及实现机制研究［J］. 区域经济评论，2016（2）：37-43.

［72］陈耀. 新时代我国区域协调发展战略若干思考［J］. 企业经济，2018（2）：2，13-21.

［73］陈耀. 中国区域政策的成熟与高效［J］. 区域经济评论，2017（3）：14-15.

［74］陈耀. 基于京津冀协同发展的雄安新区产业定位思考［J］. 贵州省党校学报，2017（4）：34-39.

［75］陈永志，花文苍. 产品内国际分工对国际价值的影响及启示［J］. 经济学家，2015（11）：90-97.

［76］程水红，曾菊新. 中心城市技术空间扩散与经济增长实证分析——以海峡西岸经济区为例［J］. 经济地理，2017（10）：143-150.

［77］丁洪俊，宁越敏. 城市地理概论［M］. 合肥：安徽科学技术出版社，1983：314-324.

［78］董树功. 协同与融合：战略性新兴产业与传统产业互动发展的有效路径［J］. 现代经济探讨，2013（2）：71-75.

［79］杜建军，刘学华，张军伟. 长三角城市群产业结构的时空演变研究［J］. 经济问题探索，2016（9）：166-171.

［80］杜能. 孤立国同农业和国民经济的关系［M］. 北京：商务印书馆，1986.

［81］杜运苏，谢正勤. 入世后中欧分工格局变化及其影响因素研究——基于产业内贸易视角［J］. 国际商务（对外经济贸易大学学报），2013（3）：56-64.

［82］鄂冰，袁丽静. 中心城市产业结构优化与升级理论研究［J］. 城

市发展研究，2012（4）：60.

［83］范剑勇，谢强强．地区间产业分布的本地市场效应及其对区域协调发展的启示［J］．经济研究，2010（4）：107-119.

［84］方创琳，宋吉涛，张蔷，李铭．中国城市群结构体系的组成与空间分异格局［J］．地理学报，2005（5）：827-840.

［85］方创琳．京津冀城市群协同发展的理论基础与规律性分析［J］．地理科学进展，2017（1）：15-24.

［86］冯碧梅，刘传江．全球价值链视角的武汉城市圈产业体系构建——推动武汉城市圈低碳经济发展［J］．中国人口·资源与环境，2010（3）：67-72.

［87］傅钧文，李梁．从中日电机电器产业内贸易看两国分工的趋势［J］．世界经济研究，2003（4）：57-62.

［88］干春晖，黄亮．产品内国际分工的国家间利益分配——合作博弈的视角［J］．经济管理，2010（10）：28-34.

［89］高春花．城市区域正义与城市群协同发展——以当代西方城市理论为视角［J］．江西师范大学学报（哲学社会科学版），2016，49（4）：36-40.

［90］高峰，刘志彪．产业协同集聚：长三角经验及对京津唐产业发展战略的启示［J］．河北学刊，2008（1）：142-146.

［91］高觉民，李晓慧．生产性服务业与制造业的互动机理：理论与实证［J］．中国工业经济，2011（6）：151-160.

［92］高丽娜，朱舜，李洁．创新集聚与溢出、空间效应与长三角城市群协同发展［J］．华东经济管理，2016（5）：81-85.

［93］高玲玲．中心城市与区域经济增长：理论与实证［J］．经济问题探索，2015（1）：76-81.

［94］高汝熹，阮红．论中国的圈域经济［J］．科技导报，1990（4）：10-14.

［95］高相铎，陈天．我国新型城镇化背景下城市群规划响应［J］．城市发展研究，2014，21（5）：6-11.

[96] 龚勤林. 论产业链构建与城乡统筹发展 [J]. 经济学家, 2004 (3): 121-123.

[97] 龚晓菊, 申亚杰. 天山北坡城市群产业协同发展分析 [J]. 经济研究参考, 2017 (37): 55-64.

[98] 顾朝林, 王颖. 城市群规划中的管治研究——以绍兴城市群规划为例 [J]. 人文地理, 2013 (2).

[99] 顾朝林. 城市群研究进展与展望 [J]. 地理研究, 2011 (5): 771-784.

[100] 顾乃华. 生产性服务业对工业获利能力的影响和渠道——基于城市面板数据和 SFA 模型的实证研究 [J]. 中国工业经济, 2010 (5): 50-60.

[101] 国家发改委国地所课题组, 肖金成. 我国城市群的发展阶段与十大城市群的功能定位 [J]. 改革, 2009 (9): 7-25.

[102] 何娣. 宁镇扬文化产业协同发展策略探讨 [J]. 南京社会科学, 2009 (9): 142-145.

[103] 何龙斌, 李强. 中心城市经济辐射机理与边缘地区接受辐射的实现条件 [J]. 陕西理工大学学报 (社会科学版), 2018 (5): 7-13, 32.

[104] 贺灿飞, 谢秀珍. 中国制造业地理集中与省区专业化 [J]. 地理学报, 2006 (2): 212-222.

[105] 胡序威. 对城市化研究中某些城市与区域概念的探讨 [J]. 城市规划, 2003 (4): 27-31.

[106] 胡艳, 朱文霞. 基于生产性服务业的产业协同集聚效应研究 [J]. 产经评论, 2015 (2): 5-14.

[107] 胡昭玲, 刘彦磊. 产品内国际分工对中国工资差距的影响 [J]. 中南财经政法大学学报, 2000 (1): 89-95.

[108] 胡尊国, 王耀中, 尹国君. 劳动力流动、协同集聚与城市结构匹配 [J]. 财经研究, 2015 (12): 27-40.

[109] 黄宾. 基于产业空间分异的城市群协同发展机制研究 [D]. 杭州: 浙江工业大学, 2018.

[110] 江静, 刘志彪. 商务成本: 长三角产业分布新格局的决定因素考察 [J]. 上海经济研究, 2006 (11): 87-96.

[111] 蒋敏娟. 城市群协同治理的国际经验比较——以体制机制为视角 [J]. 国外社会科学, 2017 (6): 48-54.

[112] 金祥荣, 赵雪娇. 中心城市的溢出效应与城市经济增长——基于中国城市群2000—2012年市级面板数据的经验研究 [J]. 浙江大学学报 (人文社会科学版), 2016 (5): 170-181.

[113] 柯善咨. 中国城市与区域经济增长的扩散回流与市场区效应 [J]. 经济研究, 2009 (8): 85-98.

[114] 黎文勇, 杨上广. 城市群产业分工对全要素生产率的影响研究——基于长三角城市群的经验证据 [J]. 经济问题探索, 2019 (5): 78-85.

[115] 黎文勇, 杨上广. 对外开放、产业分工与中国经济增长质量 [J]. 经济体制改革, 2019 (9): 28-36.

[116] 李东光, 郭凤城. 产业集群与城市群协调发展对区域经济的影响 [J]. 经济纵横, 2011 (8): 46-49.

[117] 李国平, 杨洋. 分工演进与城市群形成的机理研究 [J]. 商业研究, 2009 (3): 116-119.

[118] 李靖. 新型区域产业分工研究综述 [J]. 经济经纬, 2009 (5): 62-65.

[119] 李靖. 新型产业分工、功能专业化与区域治理 [J]. 中国软科学, 2015 (3): 80-92.

[120] 李克强. 协调推进城镇化是实现现代化的重大战略选择 [J]. 行政管理改革, 2012 (11): 4-4.

[121] 李鲁奇, 马学广, 鹿宇. 飞地经济的空间生产与治理结构——基于国家空间重构视角 [J]. 地理科学进展, 2019 (3): 44-54.

[122] 李清娟. 长三角产业同构向产业分工深化转变研究 [J]. 上海经济研究, 2006 (4): 47-56.

[123] 李然, 马萌. 京津冀产业转移的行业选择及布局优化 [J]. 经

济问题, 2016 (1): 124-128.

[124] 李少星, 顾朝林. 长江三角洲产业链地域分工的实证研究——以汽车制造产业为例 [J]. 地理研究, 2010 (12): 2132-2142.

[125] 李学鑫, 苗长虹. 城市群产业结构与分工的测度研究——以中原城市群为例 [J]. 人文地理, 2006 (4): 25-28.

[126] 连玉明. 京津冀一体化战略的顶层设计思考 [J]. 当代北京研究, 2014 (2): 2-6.

[127] 梁琦, 刘厚俊. 产业区位生命周期理论研究 [J]. 南京大学学报 (哲学·人文科学·社会科学), 2003 (5): 139-146.

[128] 梁琦, 詹亦军. 地方专业化、技术进步和产业升级: 来自长三角的证据 [J]. 经济理论与经济管理, 2006 (1): 56-62.

[129] 刘德学, 何晖. 珠三角城市群内部职能专业化的影响因素分析 [J]. 产经评论, 2015 (5): 56-64.

[130] 刘海云, 聂飞, 曾青. 中心城市产业结构演变与城际产业关联性实证分析 [J]. 城市问题, 2014 (12): 56-63.

[131] 刘静玉, 王发曾. 城市群形成发展的动力机制研究 [J]. 开发研究, 2004 (6): 66-69.

[132] 刘明宇, 芮明杰. 价值网络重构、分工演进与产业结构优化 [J]. 中国工业经济, 2012 (5): 148-160.

[133] 刘乃全, 吴友, 赵国振. 专业化集聚、多样化集聚对区域创新效率的影响——基于空间杜宾模型的实证分析 [J]. 经济问题探索, 2016 (2): 89-96.

[134] 刘胜. 城市群空间产业分工带来了资源配置效率提升吗？——基于中国城市面板数据经验研究 [J]. 云南财经大学学报, 2019 (2): 12-21.

[135] 刘怡, 周凌云, 耿纯. 京津冀产业协同发展评估: 基于区位商灰色关联度的分析 [J]. 中央财经大学学报, 2017 (12): 121-131.

[136] 刘奕, 夏杰长, 李垚. 生产性服务业集聚与制造业升级 [J]. 中国工业经济, 2017 (7): 24-42.

[137] 刘迎霞,覃成林.区域经济增长空间趋同假说研究新进展[J].经济学动态,2010(2):99-103.

[138] 刘迎霞.空间效应与中国城市群发展机制探究[J].河南大学学报(社会科学版),2010(2):45-49.

[139] 刘友金,罗登辉.城际战略产业链与城市群发展战略[J].经济地理,2009(4):75-81.

[140] 刘志彪,张杰.从融入全球价值链到构建国家价值链:中国产业升级的战略思考[J].学术月刊,2009(9):59-68.

[141] 柳天恩.基于区位商的区际产业分工模式研究——以东北三省为例[J].产经评论,2013(4):41-49.

[142] 卢锋.产品内分工[J].经济学(季刊),2004(4):59-86.

[143] 鲁继通,祝尔娟.促进京津冀城市群空间优化与质量提升的战略思考[J].首都经济贸易大学学报,2014(4):51-57.

[144] 罗明义.论城市圈域经济的形成规律及特点[J].思想战线,1998(4):9-14,51.

[145] 罗小龙,沈建法.跨界的城市增长——以江阴经济开发区靖江园区为例[J].地理学报,2006(4):101-111.

[146] 骆玲,史敦友.单中心城市群产业分工的演化规律与实证研究——以长三角城市群与珠三角城市群为例[J].南方经济,2015(3):120-128.

[147] 马俊炯.京津冀协同发展产业合作路径研究[J].调研世界,2015(2).

[148] 马学广,窦鹏.中国城市群同城化发展进程及其比较研究[J].区域经济评论,2018(5):105-115.

[149] 马燕坤,张雪领.从国际产业分工到城市群城市产业分工的文献述评[J].区域经济评论,2018(6):98-104.

[150] 马燕坤,肖金成.都市区、都市圈与城市群的概念界定及其比较分析[J].经济与管理,2020(1):18-26.

[151] 马燕坤.城市群功能空间分工形成的演化模型与实证分析[J].

经济管理，2016（12）.

［152］毛琦梁，董锁成，黄永斌，等．首都圈产业分布变化及其空间溢出效应分析——基于制造业从业人数的实证研究［J］．地理研究，2014（5）：899-914.

［153］倪鹏飞．城市群合作是区域合作的新趋势［J］．中国国情国力，2014（2）：50-52.

［154］宁越敏．国外大都市区规划体系评述［J］．世界地理研究，2003（1）：37-44.

［155］齐讴歌，赵勇，白永秀．城市群产业分工、技术进步差异与全要素生产率分化——基于中国城市群面板数据的实证分析［J］．宁夏社会科学，2018（5）：86-97.

［156］齐讴歌，赵勇．城市群产业分工的时序演变与区域差异［J］．财经科学，2014（7）：114-121.

［157］綦良群，孙凯．高新技术产业与传统产业协同发展机理研究［J］．科学学与科学技术管理，2007（1）：118-122.

［158］张明之．区域产业协同的类型与运行方式——以长三角经济区产业协同为例［J］．河南社会科学，2017（4）：79-85.

［159］尚永珍，陈耀．城市群内功能分工有助于经济增长吗？——基于十大城市群面板数据的经验研究［J］．经济经纬，2020（1）：1-8.

［160］尚永珍，陈耀．功能空间分工与城市群经济增长——基于京津冀和长三角城市群的对比分析［J］．经济问题探索，2019（4）：81-87.

［161］尚永珍．国家中心城市建设与现代都市圈的协同发展［A］．国家中心城市建设报告（2019），2019：415-424

［162］沈浩平．长三角城市群产业布局与新型城镇化研究［D］．南京：南京大学，2014.

［163］沈立人．为上海构造都市圈［J］．财经研究，1993（9）：16-19.

［164］盛斌，毛其淋．贸易开放、国内市场一体化与中国省际经济增长：1985—2008年［J］．世界经济，2011（11）：44-66.

[165] 史雅娟,朱永彬,黄金川. 中原城市群产业分工格局演变与功能定位研究[J]. 经济地理,2017(11):86-93.

[166] 史育龙,周一星. 戈特曼关于大都市带的学术思想评介[J]. 经济地理,1996(3):34-38.

[167] 苏红键,赵坚. 产业专业化、职能专业化与城市经济增长——基于中国地级单位面板数据的研究[J]. 中国工业经济,2011(4):25-34.

[168] 苏红键,赵坚. 经济圈制造业增长的空间结构效应——基于长三角经济圈的数据[J]. 中国工业经济,2011(8):36-46.

[169] 苏红键. 中国城市专业化特征及其解释[J]. 中国经济问题,2017(3):38-49.

[170] 孙东琪,张京祥,张明斗,等. 长江三角洲城市化效率与经济发展水平的耦合关系[J]. 地理科学进展,2013(7):1060-1071.

[171] 孙虎,乔标. 京津冀产业协同发展的问题与建议[J]. 中国软科学,2015(7):68-74.

[172] 孙久文,丁鸿君. 京津冀区域经济一体化进程研究[J]. 经济与管理研究,2012(7):52-58.

[173] 孙久文,姚鹏. 京津冀产业空间转移、地区专业化与协同发展——基于新经济地理学的分析框架[J]. 南开学报(哲学社会科学版),2015(1):81-89.

[174] 孙久文,原倩. 京津冀协同发展战略的比较和演进重点[J]. 经济社会体制比较,2014(5):1-11.

[175] 孙雷,鲁强. 新型城镇化进程中京津冀城市群规模结构实证研究[J]. 工业技术经济,2014(4):124-130.

[176] 孙彦明. 京津冀产业协同发展的路径及对策[J]. 宏观经济管理,2017(9):66-71.

[177] 孙一飞. 城镇密集区的界定——以江苏省为例[J]. 经济地理,1995(3):36-40.

[178] 覃成林,杨晴晴. 高速铁路发展与城市生产性服务业集聚[J].

经济经纬,2016(3):1-6.

[179] 覃成林,周姣.城市群协调发展:内涵、概念模型与实现路径[J].城市发展研究,(12):7-12.

[180] 唐铁球.产品内分工与中国制造业国际竞争力的实证研究[J].经济问题,2008(5):25-27.

[181] 陶希东,刘君德.21世纪初期长江三角洲大都市圈空间整合研究[J].江苏社会科学,2003(5):196-199.

[182] 万庆,曾菊新.基于空间相互作用视角的城市群产业结构优化——以武汉城市群为例[J].经济地理,2013(7):102-108.

[183] 万晓光.发展经济学[M].北京:中国展望出版社,1987.

[184] 汪斌,董赟.从古典到新兴古典经济学的专业化分工理论与当代产业集群的演进[J].学术月刊,2005(2):29-36.

[185] 王春萌,谷人旭,高士博,等.长三角经济圈产业分工及经济合作潜力研究[J].上海经济研究,2016(5):84-93.

[186] 王发曾,程丽丽.山东半岛、中原、关中城市群地区的城镇化状态与动力机制[J].经济地理,2010(6):918-925.

[187] 王浩,李新春,沈正平.城市群协同发展影响因素与动力机制研究——以淮海城市群为例[J].南京社会科学,2017(5):21-29.

[188] 王磊,付建荣.基于产业分工的关天经济区城市间经济联系实证研究[J].经济经纬,2016(3):7-12.

[189] 王鹏.中国产业内贸易的实证研究——基于产业层面和国家层面的视角[D].上海:复旦大学,2007.

[190] 王如忠,郭澄澄.基于共生理论的我国产业协同发展研究——以上海二、三产业协同发展为例[J].产业经济评论,2017(5):44-54.

[191] 王涛.东京都市圈的演化发展及其机制[J].日本研究,2014(1):20-24.

[192] 王婷,芦岩.城市群内产业分工格局的影响因素分析[J].理论与现代化,2010(5):71-76.

[193] 王贤彬,吴子谦.城市群中心城市驱动外围城市经济增长[J].

产业经济评论，2018（3）：56-73.

[194] 王兴明. 产业发展的协同体系分析——基于集成的观点 [J]. 经济体制改革，2013（5）：104-107.

[195] 王燕，孙超. 产业协同集聚对产业结构优化的影响——基于高新技术产业与生产性服务业的实证分析 [J]. 经济问题探索，2019（10）：146-154.

[196] 王燕梅，简泽. 参与产品内国际分工模式对技术进步效应的影响 [J]. 中国工业经济，2013（10）：134-146.

[197] 魏后凯. 大都市区新型产业分工与冲突管理——基于产业链分工的视角 [J]. 中国工业经济，2007（2）：30-36.

[198] 魏后凯. 中国城镇化进程中两极化倾向与规模格局重构 [J]. 中国工业经济，2014（3）：18-30.

[199] 魏丽华. 京津冀产业协同发展困境与思考 [J]. 中国流通经济，2017（5）：119-128.

[200] 文玫. 中国工业在区域上的重新定位和聚集 [J]. 经济研究，2004（2）：84-94.

[201] 吴爱芝，李国平，张杰斐，等. 京津冀地区产业分工合作机理与模式研究 [J]. 人口与发展，2015（6）：19-29.

[202] 吴传清，李浩. 关于中国城市群发展问题的探讨 [J]. 产经评论，2003（2）：29-31.

[203] 吴福象，沈浩平. 新型城镇化、基础设施空间溢出与地区产业结构升级——基于长三角城市群16个核心城市的实证分析 [J]. 财经科学，2013（7）：89-98.

[204] 吴康. 京津冀城市群职能分工演进与产业网络的互补性分析 [J]. 经济与管理研究，2015（3）：63-72.

[205] 吴晓波，曹体杰. 高技术产业与传统产业协同发展机理及其影响因素分析 [J]. 科技进步与对策，2005（3）：7-9.

[206] 伍先福. 生产性服务业与制造业协同集聚提升全要素生产率吗？[J]. 财经论丛，2018，241（12）：15-22.

[207] 武廷海. 纽约大都市地区规划的历史与现状——纽约区域规划协会的探索 [J]. 国际城市规划, 2000 (2): 3-7.

[208] 向晓梅, 杨娟. 粤港澳大湾区产业协同发展的机制和模式 [J]. 华南师范大学学报(社会科学版), 2018 (2): 17-20.

[209] 肖金成. 京津冀区域合作的战略思路 [J]. 经济研究参考, 2015 (2): 3-15.

[210] 徐力行, 毕淑青. 关于产业创新协同战略框架的构想 [J]. 山西财经大学学报, 2007 (4): 51-55.

[211] 徐力行, 高伟凯. 产业创新与产业协同——基于部门间产品嵌入式创新流的系统分析 [J]. 中国软科学, 2007 (6): 131-134.

[212] 许治, 焦秀焕, 朱桂龙. 国家中心城市技术扩散与区域经济增长——以北京、上海为例 [J]. 科研管理, 2013 (4): 16-23.

[213] 薛俊菲, 顾朝林, 孙加凤. 都市圈空间成长的过程及其动力因素 [J]. 城市规划, 2006 (3): 53-56.

[214] 薛艳杰, 王振. 长三角城市群协同发展研究 [J]. 社会科学, 2016 (5): 50-58.

[215] 亚当·斯密. 国民财富的性质和原因的研究 [M]. 北京: 商务印书馆, 1979.

[216] 颜银根, 文洋. 城市群规划能否促进地区产业发展?——基于新地理经济学的研究 [J]. 经济经纬, 2017 (2): 1-6.

[217] 阳国亮, 程皓, 欧阳慧. 国家中心城市建设能促进区域协同增长吗 [J]. 财经科学, 2018 (5): 90-104.

[218] 杨振山, 程哲, 蔡建明. 从国外经验看我国城市群一体化组织与管理 [J]. 区域经济评论, 2015 (4): 143-150.

[219] 姚士谋, 陈爽, 陈振光. 关于城市群基本概念的新认识 [J]. 现代城市研究, 1998 (6): 15-17.

[220] 姚士谋. 我国城市群的特征、类型与空间布局 [J]. 城市问题, 1992 (1): 12-17, 68.

[221] 尹征, 卢明华. 京津冀地区城市间产业分工变化研究 [J]. 经

济地理，2015（10）：110-115.

[222] 原毅军，谢荣辉. FDI、环境规制与中国工业绿色全要素生产率增长——基于 Luenberger 指数的实证研究［J］. 国际贸易问题，2015（8）：86-95.

[223] 张超. 区位、城市功能与大都市圈空间均衡结构的演生——基于多城市空间理论扩展的一个解释框架［J］. 学习与实践，2012（10）：16-27.

[224] 张杰，郑若愚. 京津冀产业协同发展中的多重困局与改革取向［J］. 中共中央党校学报，2017（4）：38-49.

[225] 张京祥，邹军，吴君焰，陈小卉. 论都市圈地域空间的组织［J］. 城市规划，2001，25（5）：19-23.

[226] 张敬文，谢翔，陈建. 战略性新兴产业协同创新绩效实证分析及提升路径研究［J］. 宏观经济研究，2015（7）：110-119.

[227] 张来春. 长三角城市群汽车产品价值链分工研究［J］. 上海经济研究，2007（11）：43-52.

[228] 张陆，高素英. 多中心视角下的京津冀都市圈空间联系分析［J］. 城市发展研究，2014（5）：49-54.

[229] 张梅青，左迎年. 首都圈经济一体化发展进程研究［J］. 北京交通大学学报（社会科学版），2013（1）：15-22.

[230] 张明之. 区域产业协同的类型与运行方式——以长三角经济区产业协同为例［J］. 河南社会科学，2017（4）：79-85.

[231] 张若雪. 从产品分工走向产业分工：经济圈分工形式演变与长期增长［J］. 南方经济，2009（9）：37-48.

[232] 张衔春，栾晓帆，马学广. 深汕特别合作区协同共治型区域治理模式研究［J］. 地理科学，2018（9）：1466-1474.

[233] 张小蒂，孙景蔚. 基于垂直专业化分工的中国产业国际竞争力分析［J］. 世界经济，2006（5）：12-21.

[234] 张晓兰. 东京和纽约都市圈经济发展的比价研究［D］. 长春：吉林大学，2013.

[235] 张亚斌，黄吉林，曾铮. 城市群、"圈层"经济与产业结构升级——基于经济地理学理论视角的分析［J］. 中国工业经济，2006（12）：45-52.

[236] 张玉棉，尹凤宝，边楚雯. 京津冀城市分工与布局协同发展研究——基于日本首都圈的经验［J］. 日本问题研究，2015（1）：12-19.

[237] 赵文成，赵红. 基于产业价值链的我国制造业竞争战略研究［J］. 中国工程科学，2008（10）：54-59.

[238] 赵文丁. 新型国际分工格局下中国制造业的比较优势［J］. 中国工业经济，2003（8）：32-37.

[239] 赵娴，杨静. 京津冀流通业协同发展水平测度与协同路径研究［J］. 经济与管理研究，2017（38）：32.

[240] 赵岩，郭小鹏. 日本大都市圈广域联合治理模式创新研究——以首都圈首脑会议为例［J］. 日本问题研究，2019（3）：73-80.

[241] 赵勇，白永秀. 区域一体化视角的城市群内涵及其形成机理［J］. 重庆社会科学，2008（9）：34-38.

[242] 赵勇，白永秀. 中国城市群功能分工测度与分析［J］. 中国工业经济，2012（11）：18-30.

[243] 赵勇，魏后凯. 政府干预、城市群空间产业分工与地区差距——兼论中国区域政策的有效性［J］. 管理世界，2015（8）：14-29.

[244] 周康. 政府补贴、贸易边际与出口企业的核心能力——基于倾向值匹配估计的经验研究［J］. 国际贸易问题，2015（10）：48-58.

[245] 周韬，郭志仪. 城市空间演化与产业升级——以长三角城市群为例［J］. 城市问题，2015（3）：25-30.

[246] 周韬，郭志仪. 价值链视角下的城市空间演化研究——基于中国三大城市群的证据［J］. 经济问题探索，2014（11）：107-112.

[247] 周韬. 空间异质性、城市群分工与区域经济一体化——来自长三角城市群的证据［J］. 城市发展研究，2017（9）：57-60.

[248] 周一星. "desakota"一词的由来和涵义［J］. 城市问题，1993（5）：13.

[249] 周一星. 城市地理学 [M]. 北京：商务印书馆，1995.

[250] 朱虹，徐琰超，尹恒. 空吸抑或反哺：北京和上海的经济辐射模式比较 [J]. 世界经济，2012（3）：111-124.

[251] 朱英明. 长三角城市群产业一体化发展研究——城际战略产业链的视角 [J]. 产业经济研究，2007（6）：48-57.

[252] 诸大建. 把长江三角洲建设成为国际性大都市带的思考 [J]. 城市规划学刊，2003（1）：59-61.

[253] 李建华，王振全，李洁. 服务业结构对城市"虹吸"效应的影响 [J]. 贵州财经大学学报，2016（5）：1-11.

[254] 黄宾. 基于产业空间分异的城市群协同发展机制研究 [D]. 杭州：浙江大学，2018.

[255] 冯剑. 京津冀城市群生产性服务业与制造业协同集聚的机理和效应研究 [D]. 北京：中央财经大学，2018.